AUTORIN: CHRISTINA RICHON
FOODFOTOS: MARIA GROSSMANN, MONIKA SCHÜRLE

LESS SUGAR

NATÜRLICH GESUNDER GENUSS

QUALITÄTS GU GARANTIE

DIE GU-QUALITÄTS-GARANTIE

Wir möchten Ihnen mit den Informationen und Anregungen in diesem Buch das Leben erleichtern und Sie inspirieren, Neues auszuprobieren. Bei jedem unserer Bücher achten wir auf Aktualität und stellen höchste Ansprüche an Inhalt, Optik und Ausstattung. Alle Rezepte und Informationen werden von unseren Autoren gewissenhaft erstellt und von unseren Redakteuren sorgfältig ausgewählt und mehrfach geprüft. Deshalb bieten wir Ihnen eine 100 %ige Qualitätsgarantie.

Darauf können Sie sich verlassen:
Wir legen Wert darauf, dass unsere Kochbücher zuverlässig und inspirierend zugleich sind.
Wir garantieren:

- dreifach getestete Rezepte
- sicheres Gelingen durch Schritt-für-Schritt-Anleitungen und viele nützliche Tipps
- eine authentische Rezept-Fotografie

Wir möchten für Sie immer besser werden:
Sollten wir mit diesem Buch Ihre Erwartungen nicht erfüllen, lassen Sie es uns bitte wissen! Wir tauschen Ihr Buch jederzeit gegen ein gleichwertiges zum gleichen oder ähnlichen Thema um. Nehmen Sie einfach Kontakt zu unserem Leserservice auf. Die Kontaktdaten unseres Leserservice finden Sie am Ende dieses Buches.

GRÄFE UND UNZER VERLAG
Der erste Ratgeberverlag – seit 1722.

INHALT

ZUCKER
GELIEBTE SÜSSE

Wo die Tränen des Sonnengottes Ra auf die Erde fielen, wurden aus ihnen Bienen, die sich Häuser bauten und in die Blüten flogen. Da entstanden Wachs und Honig – so wird es in einem über dreitausend Jahre alten ägyptischen Papyrus geschildert. Und auch in Europa süßte man früher vorwiegend mit Honig, aber auch mit Dicksäften von Äpfeln, Birnen oder Trauben. Als die Spanier die Karibik kolonisierten und im großen Stil Zuckerrohr anbauten, und noch mehr, als man in Europa Rübenzucker zu kultivieren begann, wurde Zucker nicht nur für den Adel erschwinglich sondern für alle. Die Küche der klassischen Desserts entwickelte sich und hat sich seitdem stets weiterentwickelt. Immer mehr Süßspeisen fanden Einzug in unsere Esskultur.

Heute ist Zucker eine billige und allgegenwärtige Zutat. Bei unzähligen Gelegenheiten werden wir verführt, ihn zu konsumieren. Und er steckt nicht nur in Süßigkeiten, sondern auch in salzigen Speisen, in den meisten Fertigprodukten und in Getränken. Dabei ist Zucker kein Grundnahrungsmittel, sondern ein reines Genussmittel – aber er ist auch ein Geschmacksverstärker. Deshalb setzt die Lebensmittelindustrie ihn bevorzugt großzügig ein. Einige Produkte, die gerade von Kindern gern gegessen werden, sind wahre Zuckerbomben. Es gibt Frühstücksflocken mit 44 Prozent Zucker! Dabei ist es so einfach und dabei auch kostengünstiger, die Flockenmischung selbst herzustellen. Zudem können Sie auswählen, was sie am liebsten in der Mischung haben möchten und alle Zutaten sind immer frisch. Auch den hohen Zuckergehalt in erfrischenden Eistees und Limonaden können Sie durch Selbermachen leicht vermeiden.

SÜSS, ABER OHNE ZUCKER?

Süß ist Seelennahrung und macht glücklich, deshalb wollen wir nicht darauf verzichten. Aber süß ist als Geschmack in unserer heutigen Ernährung so dominant geworden, dass es alles andere übertönt. Und wir wissen: Ein Zuviel an Zucker ist nicht gut für uns. Natürlich und weniger zu süßen lohnt sich aber nicht nur für unsere Gesundheit, sondern auch aus rein geschmacklichen Gründen. Denn es heißt, die Zunge wieder für den ausgeprägten Eigengeschmack von Lebensmitteln zu sensibilisieren und die Fülle aller Geschmacksrichtungen zu entdecken. Das fördert wiederum eine vielseitige Zutatenzusammenstellung und damit eine ausgewogene Ernährung. Ein Kuchen schmeckt plötzlich unwiderstehlich nach Erdbeeren, die dezente Süße des

Teiges unterstützt das Aroma der Beeren und konkurriert nicht mehr mit ihnen. Die natürliche Süße von Mandeln wird zum Highlight und Mousse au Chocolat schmeckt so schokoladig wie noch nie. Starkes Süßen ist überflüssig, wenn eine geschickte Auswahl aus Mandeln, Kokosraspel, Möhren, Äpfel, Birnen, Bananen, reife Trauben schon eine feine Grundsüße einbringt und süßliche Gewürze wie Zimt, Zimtblüte, Vanille, Muskatnuss, Muskatblüte, Tonkabohne, Kardamom, Fenchelsamen und Anis den Geschmack abrunden. Und natürliche Süßungsmittel wie Ahornsirup, Honig oder Frucht-Dicksäfte bringen neben ihrer Süßkraft zusätzlich feines Aroma ein.

ALTERNATIVE SÜSSE

Ich habe viele natürliche Süßungsmittel ausprobiert und nur die in meinen Rezepten verwendet, die mir vom Gaumenerlebnis her gefallen. Mir war wichtig, ein genussvolles Buch über süße Gerichte, Kuchen, Knabbereien und Desserts zu schreiben, ganz ohne Fingerzeig. Auf weißen Zucker habe ich ganz verzichtet, aber auch auf Agavendicksaft, weil ich seine Süße nicht mag. Sie können aber in diesem Buch verwendete Dicksäfte (wie z. B. Apfel-, Trauben- oder Birnendicksaft) mit Agavendicksaft ersetzen, falls Sie ihn mögen. Wenn Sie ihn gegen die anderen Dicksäfte eintauschen, sollten Sie jedoch knapp ein Drittel weniger nehmen, da Agavendicksaft mehr Süßkraft hat. Auf Stevia habe ich ebenfalls verzichtet, da mir diese für mein Empfinden etwas aggressive und stumpfe Süße nicht zusagt. Außerdem wird dem Körper durch Stevia ein hoher Süßungsgrad vorgegaukelt und ich möchte Sie im Gegenteil mit meinen Rezepten dazu verleiten, Ihre Geschmacksknospen etwas zu »entsüßen«, um andere Aromen herauszuschmecken. Genießen Sie mit neu gewonnener Wahrnehmung den süßen Luxus – und freuen Sie sich auf einem Zugewinn an Aroma und Geschmack.

TIPPS ZUR DOSIERUNG

Weißer Zucker hat eine standardisierte Süße – 50 g geben immer die gleiche Süße ab. Anders ist es bei alternativen Süßungsmitteln wie Honig, Ahornsirup und Dicksäften aus Früchten, hier ist die Süßkraft nicht immer gleich. Dosieren Sie vorsichtig, denn süßer geht im Nachhinein immer noch! Ich habe bemerkt, dass man sich nach einigen Tagen an weniger Süße in den Speisen gewöhnt.

Die Dosierung des vegetarischen Geliermittels Agar-Agar ist ebenfalls variabel. Seine Gelierkraft variiert von Hersteller zu Hersteller. Alternativ zu Gelatine und Agar-Agar eignet sich auch Apfelpektin.

NATÜRLICHE SÜSSUNGSMITTEL

MEINE FAVORITEN

BIRKENZUCKER ODER XYLIT

Süßt und schmeckt fast wie Haushaltszucker, ist kalorienarm und zahnfreundlich, aber etwas teuer. Ursprünglich aus Birkenrinde hergestellt, heutzutage aber meist labortechnisch überwiegend aus Maisresten gewonnen. Es gibt noch naturreinen Birkenzucker aus Finnland, der aus Birken- und Buchenrinde gewonnen wird. Xylit lässt den Blutzuckerspiegel weniger ansteigen als herkömmlicher Zucker und ist deshalb für Diabetiker geeignet. Er kann von Hefe nicht verwertet werden, ist daher zur Herstellung von Hefeteig nicht geeignet.

KOKOSBLÜTENZUCKER

Wird aus dem frischen Saft der Kokosblüten gewonnen. Dazu wird der Blütensaft zu Sirup eingekocht, dann solange weiter erwärmt, bis er auskristallisiert. Nach dem Auskühlen werden die Kristalle gemahlen. Schmeckt karamellartig. Er hat ähnlich viele Kalorien wie Haushaltszucker, treibt aber den Blutzuckerspiegel nicht in die Höhe. Zudem wurde er von der Welternährungsorganisation FAO zum nachhaltigsten Zucker gekürt, denn die Palmen werden umweltschonend kultiviert, über Jahrzehnte beerntet und liefern viele weitere Erzeugnisse. Er ist eine Spur weniger süß als Haushaltszucker. Mein Tipp: In alten, meist zu süßen Rezepten in der Dosierung 1:1 verwenden.

Hier und auf den nächsten beiden Seiten stelle ich Ihnen die Süßungsmittel vor, die ich in meinen Rezepten verwendet habe, weil sie eine angenehme natürliche Süße besitzen. Jede Sorte bringt ihren speziellen Charakter ein, das lässt sich wunderbar nutzen, um die Aromen aller weiteren Zutaten in den Rezepten zu unterstreichen.

HONIG

Die Bienen bestimmen die Honigsorte durch die Auswahl der Blüten, die sie besuchen. So entstehen zum Beispiel Lavendelblüten-, Akazien-, Orangenblüten-, Lindenblüten-, Raps-, Wald- und Wildblütenhonig. Durch seine typischen Aromen, die Farbe und Konsistenz erhält jeder Honig seinen Charakter. Honig hat eine stärkere Süßkraft als normaler Zucker. Mein Tipp: 100 g Zucker in konventionellen Rezepten mit 80 g Honig ersetzen.

AHORNSIRUP

Der Saft von Zuckerahornbäumen wird bis zu 50-mal eingekocht. Aus 40 bis 50 Liter Saft entsteht so ein Liter Sirup, was den hohen Preis erklärt. Grad A wird am Anfang der Ernteperiode gesammelt, wenn der Saft noch wenig Säureanteile hat. Er ist weniger stark eingekocht, hell, klar und mild. Grad B und C sind dunkler und kräftiger im Geschmack. Der Sirup besitzt eine sehr hohe Süßkraft und hat ein typisches Aroma, das in allen Süßspeisen schmeckt und sehr gut mit Nüssen harmoniert. Geöffnet ist er nur begrenzt haltbar und sollte im Kühlschrank aufbewahrt werden. Meine Tipps: Vorrat portionsweise im Eiswürfelbehälter einfrieren. Weil Ahornsirup stärker als Haushaltszucker süßt, gehe ich von einer Relation von 75 g Ahornsirup zu 100 g Zucker aus.

NATÜRLICHE SÜSSUNGSMITTEL

MEINE FAVORITEN

BIRNENDICKSAFT

Wird aus dem Saft unbehandelter Birnen hergestellt und durch langsames Einkochen konzentriert. Er hat einen milden Geschmack, ohne viel Säure. Seine Konsistenz ist zähflüssig, farblich ähnelt er dem Honig. Durch seine Eigenschaft, Fruchtsäure an sich zu binden, wird der Eigengeschmack von Früchten besser hervorgehoben. Mein Tipp: In konventionellen Rezepten die Zuckermenge mit der gleichen Menge Dicksaft ersetzen. Dicksäfte haben mehr Flüssigkeit als Zucker, deshalb in herkömmlichen Rezepten die Flüssigkeitsmenge anpassen.

TRAUBENSIRUP

Trauben brauchen viele Monate beständigen Sonnenwetters und speichern daher besonders viel "Kraft der Sonne". So sieht es auf jeden Fall der Orient, wo der Traubensirup bzw. -dicksaft gerne und oft in der Küche benutzt wird. Wie Birnendicksaft besteht er aus dem konzentrierten Saft der Frucht und er bringt eine edle, fast neutrale Süße mit angenehmer Traubenzuckernote mit. Es gibt ihn von klar bis dunkelrot, je nach verwendeter Traubensorte. Achten Sie beim Kauf auf naturreine Sorten ohne Zuckerzusatz. Im türkischen Lebensmittelladen (dort heißt er Pekmez) oder im Reformhaus erhältlich. Dosierung wie beim Birnendicksaft.

Dicksäfte und Sirupe aus Früchten haben eine etwas geringere Süßkraft als Zucker, dafür ist ihr Aroma aber intensiver. Die Dosierung ist ähnlich wie bei Honig oder Ahornsirup. Dicksäfte und Dörrobst bringen in jedes Rezept ihren dezenten Fruchtgeschmack mit ein, der sich besonders in Süßspeisen mit Obst gut macht.

APFELKRAUT

Auch wenn es Kraut heißt, hat es nichts mit Kohl oder Kräutern zu tun. Apfelkraut, auch als Apfelsirup bezeichnet, wird aus Äpfeln, meist aus Streuwiesen-Obstbeständen, hergestellt. Beim Einkauf darauf achten, dass es sich um ein Produkt ohne weiteren Zuckerzusatz handelt, denn es wird gerne Zucker und der Saft von anderen Früchten zugemischt. Durch den hohen Pektingehalt der Äpfel geliert das Produkt und wirkt wie ein konzentriertes Apfelgelee. Apfelkraut hat eine vollfruchtige Süße mit angenehmer Säure, vereint mit einem karamelligen Geschmack. Es ist klar und leicht rötlichbraun bis bernsteinfarben.

DÖRROBST

Zuckerreiche Früchte besitzen eine fruchtige natürliche Süße, die in Apfelringen, Dörrbirnen, Dörrpflaumen, Rosinen, Korinthen und getrockneten Bananen wesentlich kräftiger hervortritt. Getrocknete Birnensorten dienten einst als dicke Paste oder fein gemahlen als Honig- und Zuckerersatz. Das getrocknete Obst enthält immer noch wertvolle Mineralien und einige Vitamine, dazu jede Menge sekundäre Pflanzenstoffe. Allerdings gehen manche Vitamine wie beispielsweise Vitamin C zu einem großen Teil verloren. Mein Tipp: Beim Einkauf auf die Deklaration "ungeschwefelt" achten, denn oft werden den süßen Stücken Schwefeldioxid oder andere Konservierungsmittel zugesetzt.

SCHOKOLADE SELBST GEMACHT

GANZ EINFACH

DUNKLE MIT CAROB

Für eine 100-g-Tafel 70 g Kakaobutter mit 1 Prise Salz bei kleiner Hitze langsam schmelzen. Dabei nicht über 40° erhitzen; man sollte den Topf noch anfassen können. Dann je 15 g Kakao- und Carobpulver mit knapp 2 EL Honig (ersatzweise Ahornsirup) und 2 Msp. Vanillemark in eine Schüssel geben. Die geschmolzene Kakaobutter gut unterrühren. Die Schokolade in eine Tafelform oder alternativ in kleine Silikon-Backförmchen gießen. Die gegossene Schokolade für ca. 3 Std. in den Kühlschrank stellen, danach aus der Form lösen. Varianten: Für sehr intensive dunkle Schokolade das Carobpulver durch die gleiche Menge Kakaopulver ersetzen. Für Nussschokolade die gegossene Schokolade mit 1–2 EL gerösteten, gehackten Walnüssen, Haselnüssen, Mandeln, Pistazien oder Cashewkernen bestreuen. Für Orangenschokolade die abgeriebene Schale von ½ Bio-Orange oder nach Belieben 1 EL Orangenlikör unter die Schokoladenmasse rühren. Für weihnachtliche Schokolade 2–3 Prisen Zimt und 1 Prise gemahlenen Kardamom oder Lebkuchengewürz unter die Schokolade rühren.

So leicht ist es, Schokolade selbst zu machen. Das Tolle: Wie süß es sein soll, können Sie selber bestimmen. Und mit weiteren Zutaten nach Gusto entstehen ganz neue Sorten.

WEISSE MIT MANDELMUS

Für eine 100-g-Tafel 50 g Kakaobutter mit 1 Prise Salz bei kleiner Hitze langsam schmelzen. Dabei nicht über 40° erhitzen; man sollte den Topf noch anfassen können. 50 g Mandelmus (Bioladen oder Reformhaus) mit knapp 2 EL Honig (alternativ Ahornsirup) unter die geschmolzene Kakaobutter rühren. Mit 2 Msp. Vanillemark oder frisch gemahlener Vanille würzen und gut durchrühren. Die Schokolade in eine Tafelform oder alternativ in kleine Silikon-Backförmchen gießen. Die gegossene Schokolade für ca. 3 Std. in den Kühlschrank stellen, danach aus der Form lösen. Varianten: Die gegossene Schokolade mit je 1 EL Pistazienkernen und Cranberrys, je 1 TL getrockneten Rosenblättern und gefriergetrockneten Himbeeren oder 1 EL Rice-Crisps und etwas geriebener Tonkabohne bestreuen.

ERFRISCHENDE GETRÄNKE

MIT MILDER SÜSSE

EISTEE

Für 1,5 l Eistee 1 l möglichst kalkarmes Wasser aufkochen und 6 TL Assam-Teeblätter damit aufgießen. 5 Min. ziehen lassen. 10 Eiswürfel in einen großen 2-l-Krug geben. Den Tee durch ein Sieb auf die Eiswürfel gießen und abkühlen lassen. 1 Bio-Zitrone und 1 Bio-Limette heiß waschen, die Schale der Zitrone mit einem Sparschäler dünn abschälen. Die Frucht auspressen und die Limette mit der Schale in feine Scheiben schneiden. Zitronenschale und -saft sowie Limettenscheiben und ca. 80 g Honig in den abgekühlten Tee geben. Kurz vor dem Servieren 10 weitere Eiswürfel mit ½ l kohlensäurehaltigem Mineralwasser zum Tee geben und eventuell nachsüßen.

Der Sommer kann kommen – mit erfrischendem Eistee und alkoholfreiem Mojito, die beide mit angenehm geringer Süße den Durst wirklich löschen, statt ihn zu verstärken.

ANANAS-MOJITO

Für 1,75 l Mojito 1 Bio-Limette heiß waschen, abtrocknen und vierteln. Ca. 20 Blätter frische Pfefferminzblättchen waschen. Die Limettenviertel mit 1 l Ananassaft, 2 EL selbst gemachtem Vanille-Puderzucker (Seite 19) und ca. 10 Eiswürfeln in einen Blender geben und gut durchmixen. Durch ein Sieb in eine Karaffe gießen. Sofort servieren. Der Mojito kann mit dünn geschnittenen Limettenscheiben, weiteren Pfefferminzblättchen oder getrockneten Ananasscheiben serviert werden.

LIMONADEN

SOMMERLICH UND FRISCH

ZITRUSLIMONADE

Für 1 l Limonade ca. 70 g Kokosblütenzucker mit 70 ml Wasser in einem Topf aufkochen, bis er sich vollständig aufgelöst hat. Den so entstandenen Läuterzucker auf der ausgeschalteten Herdplatte stehen lassen. Inzwischen 1 Bio-Limette heiß waschen und mit der Schale in feine Scheiben schneiden. 3 weitere Limetten und 1 Zitrone auspressen und den Saft mit den Limettenscheiben in den heißen Läuterzucker geben. Abkühlen lassen. Den abgekühlten Zitrussirup kurz vor dem Servieren mit den Limettenscheiben in einen Krug geben. Mit ca. 600 ml kohlesäurehaltigem Mineralwasser und 10 Eiswürfeln auffüllen. Je nach Belieben etwas mehr Mineralwasser oder Zucker dazugeben. Variante: Ca. 20 große Zitronenverbene- oder -melisseblätter im heißen Läuterzucker 15 Min. ziehen lassen, dann durch ein Sieb abgießen. Die Kräuter dabei mithilfe eines Teelöffels fest ausdrücken. Dann wie oben beschrieben weiterverfahren. Kurz vor dem Servieren einige frische Kräuterblättchen mit den Eiswürfeln in die Limonade geben.

Ein Sirup aus Kokosblütenzucker hat eine leicht karamellige Note, der Getränken noch zusätzlich einen feinen Aromakick gibt. Aufgegossen mit Mineralwasser entstehen aus den Sirups toll erfrischende Limonaden. Die Süße lässt sich durch Verdünnen ganz einfach variieren und dem eigenen Geschmack anpassen.

HIMBEER-ZITRUS-LIMO

Für 1,75 l Limonade 1 Bio-Limette und 1 Bio-Zitrone heiß waschen und abtrocknen. Die Limette mit der Schale in feine Scheiben schneiden und in eine Karaffe geben. Die Zitronenschale mit einem Sparschäler abschälen, dann die Frucht auspressen. 2 Stängel Zitronengras waschen und in sehr feine Ringe schneiden. Zitronensaft und -schale mit Zitronengras, ca. 5 EL Ahornsirup und 5 EL Wasser in einen Topf geben und zugedeckt aufkochen. 5 Min. bei kleiner Hitze zugedeckt köcheln lassen. Dann von der Herdplatte nehmen und abkühlen lassen. Den Sud durch ein feines Sieb in die Karaffe mit der Limettenschale gießen. Dann 300 g TK-Himbeeren und ca. 10 Eiswürfel ebenfalls in die Karaffe geben und mit 1 l kaltem kohlensäurehaltigem Mineralwasser aufgießen. Sofort servieren.

MÜSLIMISCHUNGEN SELBST KOMBINIERT

CHIA-KNUSPERMÜSLI

Für 1 Glas mit 1,5 l Inhalt (10 Portionen)
je 50 g Rosinen und getrocknete Cranberrys in einer Schüssel in reichlich Wasser einweichen. 1 Bio-Orange heiß waschen, abtrocknen und die Schale abreiben. 200 g kernige Haferflocken, je 50 g Chiasamen, Sonnenblumenkerne und Kokosraspel, ½–1 TL Zimt und die abgeriebene Orangenschale in einer Schüssel mischen. Je 50 g Haselnüsse und Mandeln mittelgrob hacken und unter die Flockenmischung rühren. 3 EL Kokosöl und 3 EL Honig (Sorte nach Wahl) in einer großen beschichteten Pfanne zusammen erhitzen. Die Flockenmischung darin 5 Min. bei mittlerer Hitze unter Rühren rösten. Die eingeweichten Trockenfrüchte abtropfen lassen, dazugeben und weitere 5 Min. unter Rühren darin rösten. In der Pfanne abkühlen lassen und über Nacht bei Zimmertemperatur trocknen lassen. Am nächsten Tag in ein verschließbares Glas abfüllen. Das Müsli ist ca. 2 Wochen haltbar.

Auch morgens schmeckt's mit weniger Zucker nach mehr! Im Gegensatz zu fertigen Müslimischungen dürfen hier nussige und fruchtige Aromen zur Geltung kommen, ohne von Süße übertönt zu werden.

HONIG-GRANOLA

Den Backofen auf 140° Umluft vorheizen und zwei Backbleche mit Backpapier auslegen. Für 2 Gläser à 1,5 l Inhalt (20 Portionen) 100 g Mandeln und 100 g Haselnüsse grob hacken. 1 Vanilleschote längs halbieren und mit dem Messerrücken das Mark herauskratzen. Das Mark mit Mandeln, Haselnüssen, je 75 g Pistazien-, Sonnenblumen- und Kürbiskernen, 50 g Pinienkernen und 300 g kernigen Haferflocken in einer Schüssel mischen. 100 g Butter (alternativ 80 g Kokosöl), 200 g Honig, 3 EL Ahornsirup und 100 ml Wasser in einer großen beschichteten Pfanne zusammen aufkochen. Die trockenen Zutaten in die Pfanne geben und gut durchrühren. Die Masse auf die Backbleche verteilen. Im Ofen 50 Min. unter Wenden rösten. Dann den Backofen auf 80° herunterschalten und die Masse nochmals 60 Min. weiterrösten. Das Granola mit einer Gabel gut durchrühren. Auf dem Blech über Nacht abkühlen lassen. Am nächsten Tag in zwei große verschließbare Gläser abfüllen. Hält sich ca. 2 Wochen.

SÜSSES AUF VORRAT

SCHNELL ZUR HAND

ORANGENHONIG

Für 1 Glas mit 400 ml Inhalt 2 Bio-Orangen heiß waschen, abtrocknen und mithilfe eines Zestenreißers feine Streifen von der Schale abziehen. Die Früchte auspressen, den Saft in einen Topf geben und aufkochen. Bei mittlerer Hitze offen sirupartig einkochen lassen. 1 EL Orangenblütenwasser zusammen mit den Orangenzesten unter den eingekochten Orangensaft rühren und erkalten lassen. Dann 250 g flüssigen Honig unterrühren und die Masse in ein Schraubglas abfüllen. Hält sich im Kühlschrank 1 Monat.

Vanille-Puderzucker und Beerenzucker geben überall dort einen tollen Aromakick, wo normaler Puderzucker gefragt ist. Mit seinem verführerischen Orangenduft ist der Honig eine wunderbare Aromenzutat für Süßes, schmeckt aber natürlich auch einfach aufs Brot gestrichen herrlich.

BEERENZUCKER

Für ein Glas mit 300 ml Inhalt 250 g Birkenzucker in einer Schüssel mit 2 gehäuften EL gefriergetrockneter Beeren mischen. Die Beeren mit dem Birkenzucker portionsweise im Mixer fein mahlen, bis Puderzucker entstanden ist. Nach Belieben durchsieben und in ein Glas abfüllen. Der rosarote Zucker sieht toll aus und hat ein fruchtiges Aroma. Gefriergetrocknete Beeren wie Erdbeeren, Himbeeren oder Johannisbeeren gibt es in Reformhäusern oder im Internet.

VANILLE-PUDERZUCKER

Für 1 Glas mit 300 ml Inhalt 1 große, dicke oder 1 ½ normale Vanilleschoten mit einer sauberen Haushaltsschere in kleine Stücke schneiden. Die Vanillestückchen in einer Schüssel mit 250 g Birkenzucker mischen und in ein verschließbares Glas füllen. Das Glas schließen und den Vanillezucker 1 Woche durchziehen lassen, dabei den Inhalt mehrmals schütteln. Nach 1 Woche den Zucker portionsweise in einer elektrischen Kaffeemühle oder in einem Standmixer fein mahlen. Dabei die Partikel, die sich an den Seiten und am Schneidmesser absetzen, immer wieder abschaben. So lange mixen, bis der Zucker fein ist. Das Ganze in eine Schüssel sieben, um eventuelle Klümpchen zu entfernen. In einem verschließbaren Glas lagern.

FRUCHTAUFSTRICHE

MEHR FRUCHT, WENIGER SÜSSE

SAFRAN-TROCKENAPRIKOSE

Für 1 Glas mit 400 ml Inhalt 100 g getrocknete Aprikosen mit ca. 250 ml Aprikosensaft in einen Topf geben. 1 Zitrone auspressen und den Saft ebenfalls hinzugeben. Aufkochen und bei kleiner Hitze mit Deckel 10 Min. köcheln lassen. 1 Döschen Safranfäden (0,1 g) mit 1 EL heißem Wasser in einer Tasse verrühren und unter die Aprikosenmasse rühren. Abkühlen lassen und die Masse mit einem Pürierstab fein mixen. Nach Belieben noch etwas mehr Aprikosensaft dazugeben, dann wird die Konfitüre flüssiger. Ein heiß ausgespültes Twist-Off-Glas auf ein feuchtes Küchenhandtuch stellen. Die Konfitüre mithilfe eines Einfülltrichters in das Glas füllen. Das Glas sofort verschließen und die Konfitüre vollständig auskühlen lassen. Im Kühlschrank aufbewahren. Am besten innerhalb 1 Woche verbrauchen.

Hier gibt es schon zum Frühstück puren Obstgenuss. Der Aprikosenaufstrich kommt für das fruchtige Vergnügen auf Croissants oder Brioches mit der reinen Fruchtsüße aus, während Birnendicksaft dem Traumpaar Tonkabohne und Erdbeere ein intensives Fruchtaroma verleiht.

TONKABOHNE-ERDBEERE

Für 6 Gläser à 180 ml 1 Limette auspressen. 1 Tonkabohne (Gewürzhandel oder Apotheke) fein reiben. 1 kg Erdbeeren entkelchen, waschen und gut abtropfen lassen. Die Früchte vierteln und mit der geriebenen Tonkabohne, ½ l Birnendicksaft, dem Limettensaft und 1 EL Apfelpektin (Bioladen oder Reformhaus) in einen großen Topf geben. Alles gut vermengen und abgedeckt 3 Std. ziehen lassen. Dann die Früchte unter ständigem Rühren bei mittlerer Hitze zum Kochen bringen und 5 Min. unter Rühren sprudelnd kochen lassen. Wer keine Fruchtstücke mag, mixt die Konfitüre mit einem Pürierstab durch. Schaum mit einem Schaumlöffel abnehmen. Gelierprobe machen, dazu wenig Konfitüre auf einen kalten Teller geben. Erstarrt der Klecks, kann die Konfitüre abgefüllt werden, sonst noch ein paar Min. weiterkochen. Heiß ausgespülte Twist-Off-Gläser auf ein feuchtes Küchenhandtuch stellen. Die Konfitüre mithilfe eines Einfülltrichters in die Gläser füllen. Sofort verschließen und die Konfitüre vollständig auskühlen lassen. An einem dunklen, kühlen Ort aufbewahren. Angebrochene Gläser im Kühlschrank aufbewahren und rasch verbrauchen.

HAUPTSPEISEN

MANDELMILCHREIS
MIT ZITRONEN-PISTAZIEN-PASTE

MIT ZITRONENFRISCHER ORIENTALISCHER NOTE

FÜR 6 PERSONEN
ZUBEREITUNGSZEIT: CA. 35 MIN.
PRO PORTION: CA. 310 KCAL, 6 G EW, 9 G F, 52 G KH

Für den Milchreis:

250 g Carnaroli-Reis

1 Vanilleschote

1 l Mandelmilch (alternativ Kuhmilch)

1 Prise Salz

50–100 ml cremige Kokosmilch (alternativ Sahne)

Für die Paste:

30 g Pistazienkerne

2 Bio-Zitronen

4 EL selbst gemachter Vanille-Puderzucker (Seite 19)

1 Den Reis in ein großes Sieb geben und mit kaltem Wasser abspülen, gut abtropfen lassen. Die Vanilleschote längs halbieren und mit dem Messerrücken das Mark herauskratzen. Mark und Schote mit der Mandelmilch und dem Salz in einen Topf geben. Unter Rühren bei großer Hitze zum Kochen bringen.

2 Den Milchreis einrieseln und bei kleiner Hitze 20–25 Min. köcheln lassen, dabei öfter umrühren. Anschließend den Reis auf der ausgeschalteten Herdplatte zugedeckt ca. 10 Min. ausquellen lassen. Dann soviel Kokosmilch unterrühren, bis der Milchreis die gewünschte cremige Konsistenz hat.

3 Inzwischen die Zitronen-Pistazien-Paste zubereiten. Dazu die Pistazien in einer kleinen Pfanne trocken rösten, bis sie anfangen zu duften. Auf einen Teller zum Abkühlen geben. Zitronen heiß waschen, abtrocknen und die Schale fein abreiben. Die Früchte auspressen. Die Pistazien fein hacken. In einer kleinen Schüssel Zitronensaft und -schale, gehackte Pistazien und den Vanille-Puderzucker verrühren.

4 Den Milchreis in Schälchen oder Suppenteller geben und mit der Zitronen-Pistazien-Paste beträufeln.

MAISGRIESS-AUFLAUF MIT HIBISKUS-PFIRSICHEN

HEISSER SOMMERTRAUM AUS DEM OFEN

FÜR 4 PERSONEN
ZUBEREITUNGSZEIT: CA. 35 MIN. + 45 MIN. BACKEN
PRO PORTION: CA. 625 KCAL, 23 G EW, 38 G F, 47 G KH

Für den Auflauf:

5 Eier

1 Prise Salz

100 g weiche Butter

60 g Apfelkraut

½ Bio-Zitrone

350 g Quark (20 % Fett)

50 g feiner Polentagrieß

3 EL Mandelblättchen

selbst gemachter Vanille-Puderzucker (Seite 19) nach Belieben

Für das Kompott:

4 Teebeutel Hibiskustee

750 g reife, aromatische Pfirsiche

1 Vanilleschote

2 EL Apfelkraut

200 ml Apfelsaft

Außerdem:

etwas weiche Butter für die Form

1 Den Backofen auf 180° vorheizen. Die Eier trennen. Die Eiweiße mit dem Salz in eine Rührschüssel geben und mit den Quirlen des Handrührgeräts zu Eischnee schlagen. Die Eigelbe mit der weichen Butter und dem Apfelkraut cremig rühren. Die halbe Zitrone heiß waschen, abtrocknen und die Schale in die Eigelbmasse reiben. Den Quark mit dem Polentagrieß unterrühren. Zum Schluss den Eischnee unterheben.

2 Eine Auflaufform mit weicher Butter ausstreichen und die Grießmasse einfüllen. Mit Mandelblättchen bestreuen. Den Auflauf in ca. 45 Min. im Backofen (Mitte) goldgelb backen. Er ist fertig gebacken, wenn das Innere beim Bewegen der Form nicht mehr wackelt.

3 Inzwischen das Kompott zubereiten. Die Teebeutel in eine große Tasse geben und mit 200 ml kochendem Wasser übergießen. 10 Min. ziehen lassen. Reichlich Wasser in einem Topf zum Kochen bringen. Die Pfirsiche kurz in das siedende Wasser geben, herausheben, häuten und halbieren. Die Steine entfernen und die Pfirsichhälften nochmals durchschneiden.

4 Den Tee durch ein Teesieb in einen zweiten Topf gießen. Die Vanilleschote längs aufschneiden, mit dem Messerrücken das Mark herauskratzen und das Mark mit Apfelkraut und Apfelsaft ebenfalls in den Topf geben. Aufkochen und 5 Min. offen köcheln lassen. Die Pfirsiche dazugeben und zugedeckt ca. 5 Min. bei kleiner Hitze ziehen lassen.

5 Die Pfirsichviertel mit dem Schaumlöffel herausheben und in eine Schüssel geben. Den Sud im offenen Topf fast sirupartig einkochen lassen, über die Pfirsiche gießen und abkühlen lassen.

6 Den Quark-Maisgrieß-Auflauf nach Belieben mit etwas Vanille-Puderzucker bestäuben und mit dem Pfirsichkompott servieren.

PALATSCHINKEN MIT BUCHWEIZEN UND DÖRR-OBST-SALSA

FÜR 4 PERSONEN
ZUBEREITUNGSZEIT: CA. 55 MIN. + 20 MIN. BACKEN
PRO PORTION: CA. 635 KCAL, 26 G EW, 32 G F, 59 G KH

Für die Palatschinken:

50 g Butter
200 ml Milch
80 g Buchweizenmehl
2 Eier
1 Prise Salz
2 EL Butterschmalz zum Backen

Für die Salsa:

200 g gemischtes Dörrobst (z. B. Aprikosen, Pflaumen, Äpfel)
1 Bio-Zitrone
1 Bio-Orange
125 ml Apfelsaft
1 Sternanis
1 dünne Scheibe Ingwer
2 EL Orangenlikör nach Belieben

Für die Füllung:

2 Eier
1 Prise Salz
250 g Quark (20 % Fett)
2 EL Ahornsirup

Für den Guss:

200 ml Milch
1 EL Ahornsirup
2 Eier

1 Für die Palatschinken die Butter in einem kleinen Topf bei mittlerer Hitze zerlassen und abkühlen lassen. Milch und Buchweizenmehl in einer Schüssel verrühren, dann die Eier hineinrühren, anschließend auch die flüssige Butter und das Salz unterrühren. Den Teig etwa 30 Min. ruhen lassen.

2 Inzwischen die Salsa zubereiten. Dazu das Dörrobst in feine Streifen schneiden und in einer Schüssel mit heißem Wasser bedecken. Die Zitrone und die Orange heiß waschen, abtrocknen und die Schalen abreiben. Den Apfelsaft mit dem Sternanis und der Ingwerscheibe in einem kleinen Topf zugedeckt bei mittlerer Hitze 5 Min. leise köcheln lassen.

3 Das Dörrobst aus der Schüssel nehmen, abtropfen lassen, unter den Apfelsud rühren und mit den abgeriebenen Zitrusschalen und nach Belieben mit dem Orangenlikör parfümieren. Abkühlen lassen, kurz vor dem Servieren Sternanis und Ingwer herausnehmen.

4 Für die Füllung die Eier trennen. Die Eiweiße mit dem Salz steif schlagen. Die Eigelbe mit Quark und Ahornsirup mit den Quirlen des Handrührgeräts durchmixen. Den Eischnee unter die Masse heben.

5 Den Ofen auf 200° vorheizen. Etwas Butterschmalz in einer beschichteten Pfanne erhitzen. Bei mittlerer Hitze nacheinander aus dem Teig 8 goldgelbe Pfannkuchen mit ca. 12 cm ∅ backen, dabei jedes Mal wieder etwas Butterschmalz in die Pfanne geben.

6 Die Füllung auf die Pfannkuchen verteilen, die Pfannkuchen aufrollen und in eine Auflaufform setzen. Für den Guss die Milch mit dem Ahornsirup und den Eiern verquirlen. Die Palatschinken mit der Eiermilch übergießen und im Backofen (Mitte) in ca. 20 Min. goldgelb backen. Die Palatschinken zusammmen mit der Dörrobst-Salsa servieren.

LIWANZEN

MIT MOHN UND PFLAUMENMUS

RAFFINIERTE SÜSSSPEISE AUS TSCHECHIEN

FÜR 12 STÜCK
ZUBEREITUNGSZEIT: CA. 30 MIN. + 60 MIN. GEHEN + 20 MIN. BACKEN
PRO STÜCK: CA. 145 KCAL, 4 G EW, 6 G F, 19 G KH

Für die Liwanzen:

140 ml Milch

¼ Würfel Hefe (10 g)

1 Bio-Zitrone

2 Eier

120 g Dinkelmehl (Type 630; alternativ Weizenmehl Type 550)

1 Prise Salz

2 EL Honig

200 g mehligkochende Kartoffeln

Für das Pflaumenmus:

100 g Dörrpflaumen ohne Stein

1 Zimtstange

Für die Garnitur:

3 EL Mohn

2 EL selbst gemachter Vanille-Puderzucker (Seite 19)

80 g Crème fraîche

etwas Zimt nach Belieben

Außerdem:

1 EL Butterschmalz für die Form

12er-Muffinform

1 Die Milch in einem kleinen Topf bei mittlerer Hitze handwarm erhitzen, in eine Rührschüssel gießen und die Hefe darüber zerkrümeln. Die Zitrone heiß waschen, abtrocknen und etwas Schale abreiben. Eier, Mehl, Salz, Honig und abgeriebene Zitronenschale zu der Hefemilch geben. Mit einem Schneebesen zu einem glatten Teig rühren. 30 Min. abgedeckt an einem warmen Ort stehen lassen.

2 Inzwischen die Kartoffeln schälen und in kleine Stücke schneiden. In einem Topf mit Wasser bedecken und zugedeckt in ca. 10 Min. weich kochen. Die Kartoffeln durch ein Sieb abgießen und durch eine Kartoffelpresse drücken. Den Kartoffelschnee 3 Min. abkühlen lassen, unter den Teig rühren und nochmals 30 Min. zugedeckt gehen lassen.

3 Inzwischen für das Pflaumenmus die Dörrpflaumen in einem Topf mit 250 ml Wasser und der Zimtstange zum Kochen bringen und zugedeckt 10 Min. bei kleiner Hitze köcheln lassen. Ausschalten und weitere 10 Min. ziehen lassen. Dann die Zimtstange entfernen und die Pflaumen mit etwas Kochflüssigkeit zu einer streichfähigen Masse pürieren.

4 Das Butterschmalz zerlassen, die Mulden der Muffinform damit ausstreichen und mit 1 EL Mohn bestreuen. Den Backofen auf 180° Umluft vorheizen. Den recht flüssigen Teig auf die Mulden verteilen und im heißen Ofen in 15–20 Min. goldgelb backen.

5 Den übrigen Mohn mit dem Vanille-Puderzucker in der elektrischen Kaffeemühle oder dem Mixer mahlen.

6 Die gebackenen Liwanzen aus der Form nehmen und mit der Mohnseite nach oben auf einen Teller legen. Lauwarm mit je einem Klecks Creme fraîche, Pflaumenmus, Mohn-Vanillezucker und nach Belieben mit etwas Zimt servieren.

SAHNIGER GRIESSBREI MIT APFELZUCKER

ESSEN FÜR DIE SEELE

FÜR 8 PORTIONEN
ZUBEREITUNGSZEIT: CA. 25 MIN. + 3 TAGE TROCKNEN
PRO PORTION: CA. 350 KCAL, 7 G EW, 13 G F, 51 G KH

Für den Apfelzucker:

6 Bio-Äpfel

150 g Kokosblüten- oder Birkenzucker

1 TL Zimt

½ TL gemahlener Piment

¼ TL frisch geriebene Muskatnuss

1 Prise Salz

Für den Grießbrei:

1 l Milch

200 g Sahne

1 Prise Salz

1 Vanilleschote

100 g Hartweizengrieß

80 g Honig

Außerdem:

Backpapier

1 Für den Apfelzucker den Backofen auf 80° vorheizen. Die Äpfel waschen, abtrocknen und mit einem Sparschäler schälen. Die Schalen auf einem mit Backpapier ausgelegten Kuchengitter ausbreiten. Im Backofen 1,5 Std. trocknen. Dann das Gitter herausnehmen und die Schalen bei Zimmertemperatur noch 2–3 Tage trocknen lassen, bis sie völlig trocken sind.

2 Die Apfelschalen portionsweise mit dem Zucker in einer elektrischen Kaffeemühle fein mahlen. Zimt, Piment, Muskat und Salz unter den Apfelzucker mischen und in ein Schraubdeckelglas füllen.

3 Für den Grießbrei Milch und Sahne mit dem Salz in einen Topf geben. Die Vanilleschote längs aufschneiden, mit dem Messerrücken das Mark herauskratzen und das Mark mit der Schote in den Topf geben. Bei kleiner Hitze zum Kochen bringen.

4 Dann den Grieß unter ständigem Rühren in die heiße Milch einrieseln lassen, aufkochen und bei kleiner Hitze in 5–10 Min. offen je nach gewünschter Konsistenz ausquellen lassen. Die Vanilleschote entfernen und den Honig unterrühren.

5 Grießbrei auf 8 heiß ausgespülte Schälchen verteilen. Mit Apfelzucker bestreuen und sofort warm essen oder ohne den Zucker abkühlen lassen und abgedeckt im Kühlschrank aufbewahren. Der Apfelzucker hält sich gekühlt 5 Tage und passt sehr gut zu Apfelkuchen, süßen Pfannkuchen, Milchreis oder anderen Süßspeisen. Er bleibt ca. 2 Monate fruchtig und voller Aroma.

INDISCHE VARIANTE:

Anstatt des Apfelzuckers eine Mischung aus je ¼ TL Kardamompulver und Zimt, 1 EL Kokosraspel, 2 EL fein gehackter getrockneter Mango und 1 EL gerösteten, gehackten Cashewkernen herstellen.

TOPFENSCHMARRN

MIT APRIKOSENRÖSTER

LIEBLING AUS KINDHEITSTAGEN

FÜR 4 PERSONEN
ZUBEREITUNGSZEIT: CA. 45 MIN.
PRO PORTION: CA. 550 KCAL, 14 G EW, 20 G F, 76 G KH

Für den Aprikosenröster:

30 g getrocknete Aprikosen

½ Tonkabohne (Gewürzhandel oder Apotheke)

500 g Aprikosen

1 EL selbst gemachter Vanille-Puderzucker (Seite 19)

2–3 Prisen Zimt

2–3 Prisen frisch geriebene Muskatnuss

20 g kalte Butter

Für den Topfenschmarrn:

30 g Butter

1 Vanilleschote

4 Eier

1 Prise Salz

½ Bio-Zitrone

30 g Kokosblütenzucker

100 g Quark (20 % Fett)

100 g Dinkelmehl (Type 630; alternativ Weizenmehl Type 550)

30 g getrocknete Aprikosen

1 EL Butterschmalz

selbst gemachter Vanille-Puderzucker (Seite 19) zum Bestäuben

1 Für den Aprikosenröster den Backofen auf 200° vorheizen. Die getrockneten Aprikosen fein hacken und in einer Schüssel mit heißem Wasser bedecken. Die halbe Tonkabohne fein reiben. Die frischen Aprikosen waschen, halbieren und entsteinen, die Hälften vierteln.

2 Aprikosenviertel in eine ofenfeste Form geben, mit Vanille-Puderzucker, der geriebenen halben Tonkabohne, Zimt und Muskat bestreuen und im heißen Backofen (Mitte) in ca. 20 Min. garen. Aus dem Ofen nehmen und die kalte Butter zusammen mit den abgetropften Trockenaprikosenstückchen unterrühren. Den Ofen auf 180° herunterschalten.

3 Inzwischen für den Topfenschmarrn die Butter in einem kleinen Topf schmelzen. Die Vanilleschote längs halbieren und mit dem Messerrücken das Mark herauskratzen. Die Eier trennen. Die Eiweiße mit dem Salz steif schlagen. Die halbe Zitrone heiß waschen, abtrocknen und die Schale abreiben.

4 Eigelbe, Zucker, Vanillemark und abgeriebene Zitronenschale mit den Quirlen des Handrührgeräts schaumig schlagen. Quark, flüssige Butter und Mehl unterrühren. Die getrockneten Aprikosen fein hacken und mit dem Eischnee unter den Teig heben.

5 Die Hälfte des Butterschmalzes bei mittlerer Hitze in einer ofenfesten Pfanne zerlassen. Die Quarkmasse darin verteilen und etwa 5 Min. garen. Dann sollte sich der Pfannkuchen wenden lassen. Das restliche Butterschmalz seitlich in die Pfanne gleiten lassen und den Pfannkuchen auf der anderen Seite noch ca. 5 Min. bei kleiner Hitze backen.

6 Die Pfanne in den vorgeheizten Backofen stellen und den Pfannkuchen weitere 5 Min. backen. Den fertigen Schmarrn mit zwei Gabeln in Stücke reißen, nach Belieben mit Vanille-Puderzucker bestäuben und mit dem Aprikosenröster servieren.

ARMER RITTER DE LUXE
MIT BEEREN-MINESTRONE

BROTAUFLAUF MIT EDLER BEGLEITUNG

FÜR 6 PERSONEN
ZUBEREITUNGSZEIT: CA. 20 MIN. + 30 MIN. BACKEN
PRO PORTION: CA. 375 KCAL, 11 G EW, 18 G F, 44 G KH

Für den Armen Ritter:

2 Orangen, davon 1 Bio-Orange

1 Bio-Limette

80 g Butter

50 g Orangenblütenhonig

1 EL Orangenblütenwasser (Apotheke)

5 Eier

175 ml Milch

1 TL Zimt

2–3 Prisen Kardamompulver

1 Prise Salz

12 Scheiben Kasten-Weißbrot (1,5-2 cm dick)

Für die Beerenminestrone:

1 reife Banane

2 Orangen

1 EL selbst gemachter Vanille-Puderzucker (Seite 19)

¼ TL Zimt

7 Basilikumblätter

250 g gemischte Beeren

Außerdem:

Backpapier

1 Den Backofen auf 200° vorheizen. Die Bio-Zitrusfrüchte heiß waschen, abtrocknen und die Schale der Bio-Orange und der Limette abreiben. Den Saft beider Orangen auspressen.

2 Die Butter in einem kleinen Topf zerlassen und Orangenblütenhonig und -wasser unterrühren. Diese Honigmischung auf ein mit Backpapier ausgelegtes Backblech gießen und mit einem Teigschaber verteilen.

3 Die Eier in einem hohen Rührbecher mit dem Pürierstab durchmixen. Milch, Orangensaft, abgeriebene Zitrusschalen, Zimt, Kardamom und Salz zufügen und nochmals gut durchmixen. Die Eiermilch in eine flache Schale gießen, die Weißbrotscheiben in diese Mischung tauchen und auf das bestrichene Backblech legen. Die übrige Eiermilch über die Brote verteilen.

4 Im Backofen (Mitte) 10 Min. backen, dann die Brotscheiben mit einem Pfannenwender umdrehen. Weitere 10 Min. backen, dann nochmals wenden. Noch ca. weitere 10 Min. backen, bis die Oberfläche der Brotscheiben gebräunt ist.

5 Inzwischen die Beerenminestrone zubereiten. Dazu die Banane schälen und in Stücke schneiden, die Orangen auspressen. Bananenstücke mit Orangensaft, Vanille-Puderzucker, Zimt und Basilikumblättern in einem Mixer fein pürieren. Die Fruchtsauce in eine Sauciere geben und zusammen mit den Beeren zu den warmen Brotscheiben servieren.

0,5

BUCHTELN

MIT DÖRR-BIRNENMUS UND VANILLESAUCE

FEINER ÖSTERREICHISCHER KLASSIKER

FÜR 1 AUFLAUFFORM VON CA. 30 × 30 CM (CA. 24 KLEINE BUCHTELN)
ZUBEREITUNGSZEIT: CA. 30 MIN. + 60 MIN. GEHEN + 35 MIN. BACKEN
PRO STÜCK: CA. 185 KCAL, 3 G EW, 11 G F, 20 G KH

Für das Dörrbirnen-Mus:

1 Bio-Zitrone

110 g getrocknete Birnenscheiben

1 TL Lebkuchengewürz

Für die Buchteln:

190 ml Milch

190 g Butter

400 g Dinkelmehl (Type 630; alternativ Weizenmehl Type 550)

½ Würfel Hefe (20 g)

50 g Kokosblütenzucker

1 Prise Salz

4 Eigelb

Zimt nach Belieben

Für die Vanillesauce:

1 Vanilleschote

250 ml Milch

250 g Sahne

80 g Birkenzucker

5 Eigelb

1 Prise Salz

1 Für das Mus die Zitrone heiß waschen, abtrocknen, die Schale mit einem Sparschäler dünn abschälen und den Saft auspressen. Schale und Saft mit den Dörrbirnenscheiben in einen kleinen Topf geben. Mit 250 ml Wasser auffüllen und zugedeckt aufkochen.

2 10 Min. zugedeckt köcheln lassen. Zitronenschale entfernen, Lebkuchengewürz unterrühren und 10 Min. auf der ausgeschalteten Herdplatte ziehen lassen. Dann mit einigen Löffeln Kochsud pürieren.

3 Für die Buchteln die Milch mit 150 g Butter lauwarm erwärmen, dann handwarm abkühlen lassen. Das Mehl in eine Rührschüssel sieben und die Hefe darüberkrümeln. Zucker, Salz und Eigelbe mit der Milch-Butter-Mischung dazugeben. Mit den Knethaken des Handrührgeräts zu einem glatten Teig verarbeiten. Mit einem feuchten sauberen Geschirrtuch abdecken und an einem warmen Ort 30 Min. gehen lassen.

4 Inzwischen für die Vanillesauce die Vanilleschote längs halbieren und mit dem Messerrücken das Mark herauskratzen. Die Milch mit Sahne, Vanillemark und Vanilleschote in einem kleinen Topf aufkochen und 10 Min. ziehen lassen. Zucker mit Eigelben und Salz mit dem Schneebesen unterrühren. Die Sauce unter Rühren so lange sanft erwärmen, bis sie leicht bindet. Abkühlen lassen und durch ein Sieb streichen.

5 Die restliche Butter für die Buchteln zerlassen. Die Auflaufform mit etwas Butter einstreichen. Den Teig halbieren, nochmals mit der Hand durchkneten und jede der zwei Teigportionen in 12 kleine Stücke teilen.

6 Jedes Teigstück etwas flachdrücken und ca. 1 TL Birnenmus in die Teigmitte setzen. Um das Mus herum schließen und in die gefettete Form setzen. Buchteln mit der restlichen flüssigen Butter bepinseln. An einem warmen Ort nochmals 30 Min. gehen lassen.

7 Den Backofen auf 180° vorheizen. Die Buchteln im Backofen (Mitte) in 30–35 Min. backen. Nach Belieben mit wenig Zimt bestäuben und lauwarm mit der kalten Vanillesauce servieren.

DAMPFNUDELN

MIT HONIG-WEINSCHAUM-SAUCE

LIEBLINGSESSEN AUS DEM BADISCHEN

FÜR 6 PERSONEN
ZUBEREITUNGSZEIT: CA. 35 MIN. + 80 MIN. GEHEN + 30 MIN. BACKEN
PRO PORTION: CA. 645 KCAL, 16 G EW, 27 G F, 77 G KH

Für die Dampfnudeln:

450 ml Milch

500 g Dinkelmehl (Type 630; alternativ Weizenmehl Type 550)

150 g weiche Butter

2 Eier

Salz

1 EL Honig

½ Würfel Hefe (20 g)

Für die Sauce:

40 g Speisestärke

250 ml Weißwein

½ Zitrone

½ Orange

1 Vanilleschote

40 g Honig

2 Eigelb

Außerdem:

Mehl für die Arbeitsfläche

1 Für die Dampfnudeln 250 ml Milch lauwarm erwärmen. Das Mehl in eine große Schüssel geben und 100 g Butter in Flöckchen darüberstreuen. Eier, die lauwarme Milch, 1 TL Salz und Honig dazugeben. Die Hefe darüberkrümeln. Den Teig mit den Knethaken des Handrührgeräts so lange bearbeiten, bis er Blasen schlägt und sich vom Schüsselrand löst. Die Schüssel mit einem feuchten sauberen Geschirrtuch abdecken und bei Zimmertemperatur 60 Min. gehen lassen, bis sich das Teigvolumen verdoppelt hat.

2 Den Teig auf einer bemehlten Arbeitsfläche ½ cm dick ausrollen. Mit einem Glas von 5 cm ∅ Küchlein ausstechen und diese auf der bemehlten Arbeitsfläche nochmals 20 Min. mit einem trockenen sauberen Geschirrtuch abgedeckt gehen lassen.

3 Den Backofen auf 220° vorheizen. In einer ofenfesten, beschichteten Pfanne (ca. 30 cm ∅) übrige Milch, mit restlicher Butter und etwas Salz zum Kochen bringen. Die Dampfnudeln dicht an dicht hineinsetzen. Die Pfanne mit einem Deckel schließen und die Dampfnudeln im Ofen (Mitte) in ca. 30 Min. backen.

4 Inzwischen die Honig-Weinschaum-Sauce zubereiten. Dazu die Speisestärke mit einigen EL Wein in einem kleinen Topf verrühren. Die Zitrusfrüchte auspressen. Den restlichen Wein mit Zitronen- und Orangensaft in den Topf geben, die Masse unter Rühren aufkochen und 2 Min. köcheln lassen. Die Vanilleschote längs halbieren und mit dem Messerrücken das Mark herauskratzen. Die Temperatur senken und den Honig mit dem Vanillemark und den Eigelben in den Topf geben. Noch einige Min. weiterschlagen, bis die Sauce cremig und schaumig geworden ist.

5 Die Dampfnudeln aus dem Ofen nehmen, wenn sie schön aufgegangen sind und die Krüstchen am Dampfnudelboden zu duften beginnen. Den Deckel schnell abnehmen, sodass keine Wassertropfen auf die Dampfnudeln fallen. Die warmen Dampfnudeln sofort mit der Honig-Weinschaum-Sauce servieren.

KIRSCH-CLAFOUTIS

MIT PISTAZIEN UND MAHLEP-PULVER

ELEGANTER FRANZÖSISCHER KIRSCHAUFLAUF

4 AUFLAUFFORMEN VON CA. 15 CM ∅ ODER OFENFESTE SUPPENTELLER (4 PERSONEN)
ZUBEREITUNGSZEIT: CA. 30 MIN. + 20 MIN. BACKEN
PRO PORTION: CA. 420 KCAL, 10 G EW, 17 G F, 53 G KH

4 Eier

1 Prise Salz

4 EL Traubensirup (Pekmez; türkischer Lebensmittelladen)

1 EL Speisestärke

360 g stichfester türkischer Joghurt (10 % Fett)

¼ TL Mahlep-Pulver (türkischer Laden oder Gewürzhandel)

1 EL Kirschwasser nach Belieben

400 g Kirschen, entsteint gewogen (ca. 450 g mit Stein)

selbst gemachter Vanille-Puderzucker (Seite 19)

1 EL fein gehackte Pistazien

Außerdem:

weiche Butter für die Formen

1 Den Backofen auf 200° vorheizen. 2 Eier trennen und die Eiweiße mit dem Salz steif schlagen. Die beiden weiteren Eier mit den restlichen Eigelben und dem Traubensirup 5 Min. schaumig rühren. Die Speisestärke mit Joghurt, Mahlep-Pulver und nach Belieben mit dem Kirschwasser verrühren und unter die Eiermasse rühren. Den Eischnee mit einem Teigschaber unter die Ei-Joghurt-Masse heben.

2 Die Auflaufformen mit weicher Butter ausstreichen, die Auflaufmasse auf die vier Formen verteilen. Die Kirschen auf die Masse setzen und das Ganze im Backofen (Mitte) in ca. 20 Min. goldgelb backen. Den Clafoutis mit Vanille-Puderzucker und den Pistazien bestreuen und sofort servieren.

MAHLEP-PULVER

Das Pulver wird aus den Steinen der Felsenkirsche gewonnen. In der orientalischen Küche wird dieses Gewürz gerne verwendet. Es muss wegen seines Cumaringehaltes sparsam dosiert werden und hat ein Aroma von Bittermandel, Waldmeister und Tonkabohne. Alternativ können Sie einige Tropfen Bittermandelextrakt verwenden.

GRIESSSCHNITTEN MIT GEWÜRZ-HONIG-FEIGEN

SEROTONIN-NAHRUNG UND SEELENTRÖSTER

FÜR 6 PERSONEN
ZUBEREITUNGSZEIT: CA. 45 MIN. + 3,5 STD. ZIEHEN UND ABKÜHLEN
PRO PORTION: CA. 580 KCAL, 17 G EW, 24 G F, 73 G KH

Für die Honig-Feigen:

½ Zimtstange
3 Pimentkörner
1 Stück Macis (Muskatnussblüte)
300 ml Kirschsaft
1 Bio-Orange
2–3 EL Honig
9 frische Feigen

Für die Grießschnitten:

½ Bio-Zitrone
1 l Milch
50 g Butter
20 g Kokosblütenzucker
1 Prise Salz
250 g Hartweizengrieß
4 Eier
100 g Semmelbrösel
4 EL Butterschmalz zum Braten

1 Zimtstange, angedrückte Pimentkörner und Macis mit dem Kirschsaft und 200 ml Wasser in einem Topf aufkochen. Die Orange waschen, abtrocknen, die Schale mit einem Sparschäler abschälen und die Frucht auspressen. Saft und Schale mit dem Honig in den Sud geben und weitere 5 Min. bei kleiner Hitze im offenen Topf sanft köcheln lassen.

2 Die Feigen waschen und in den heißen Sud geben. Die Herdplatte ausschalten. Die Feigen zugedeckt 2–3 Std. ziehen lassen. Dann die Feigen aus dem Sud nehmen, beiseite stellen und den Sud zur Hälfte einkochen. Durch ein Sieb gießen und abkühlen lassen.

3 Inzwischen für die Grießschnitten die halbe Zitrone heiß waschen, abtrocknen und die Schale abreiben. Die Milch mit Butter, Zucker, der abgeriebenen Zitronenschale und Salz in einem offenen Topf aufkochen. Den Grieß unter stetigem Rühren hineingeben. Unter häufigem Rühren in ca. 7 Min. bei kleiner Hitze zu einem dicken Brei quellen lassen.

4 Den Topf vom Herd nehmen und den Grießbrei 5 Min. abkühlen lassen. Dann nacheinander 2 Eier gut unterrühren. Ein großes Backblech mit Wasser bepinseln. Den Grießbrei darauf knapp 2 cm dick zu einem Rechteck verstreichen. 30 Min. abkühlen lassen. Dann in gleichmäßige Rauten (ca. 6 × 8 cm) schneiden.

5 Zum Panieren die beiden übrigen Eier in einem tiefen Teller verquirlen, die Semmelbrösel in einen zweiten Teller geben. Das Butterschmalz in einer weiten Pfanne erhitzen. Die Grießschnitten zuerst im Ei wenden, dann mit den Semmelbröseln panieren. Portionsweise in die Pfanne geben und von jeder Seite in ca. 2 Min. knusprig goldbraun backen.

6 Die Feigen wieder in den Sud geben und mit den gebackenen Grießschnitten servieren.

APFELKÜCHLE

MIT FEDER-WEISSER-SCHAUM

BADISCH FÜR FEINSCHMECKER

FÜR 4 PERSONEN
ZUBEREITUNGSZEIT: CA. 40 MIN.
PRO PORTION: CA. 520 KCAL, 16 G EW, 20 G F, 73 G KH

Für die Apfelküchle:

200 g Dinkelmehl (Type 630; alternativ Weizenmehl Type 550)

4 Eier

300 ml Milch

1 Prise Salz

1 Zitrone

4 große säuerliche Äpfel (z. B. Braeburn oder Boskoop)

2 TL Zimt

3 EL Birkenzucker

4 EL Butterschmalz

Für den Federweißer-Schaum:

½ Bio-Orange

½ Bio-Zitrone

80 ml Federweißer

2 Eigelb

30 g Birkenzucker

1 Für die Apfelküchle Mehl, Eier, Milch und Salz mit dem Schneebesen zu einem glatten Teig verrühren. Die Zitrone auspressen. Die Äpfel schälen. Mit einem Apfelausstecher die Kerngehäuse ausstechen und die Äpfel in 1 cm dicke Scheiben schneiden. Die Apfelscheiben im Zitronensaft wenden. Zimt und Birkenzucker in einem flachen Schälchen mischen.

2 Das Butterschmalz in einer beschichteten Pfanne erhitzen. Die Apfelscheiben durch den Teig ziehen und nacheinander bei mittlerer Hitze auf beiden Seiten ca. 4 Min. goldgelb braten. Auf Küchenpapier entfetten und anschließend in der Zimt-Zucker-Mischung wenden. Die bereits gebackenen Apfelküchle können im Backofen bei 120° warm gehalten werden.

3 Für den Federweißer-Schaum die Zitrusfrüchte heiß waschen, abtrocknen und die Schalen abreiben. Einen Topf halbvoll mit Wasser füllen und das Wasser zum Kochen bringen. Eine ofenfeste, am besten runde Schüssel darüber setzen. Die Herdplatte auf mittlere Hitze zurückschalten.

4 Alle Zutaten in die Schüssel geben und mit dem Schneebesen zu einem cremigen Schaum aufschlagen. Dabei darauf achten, dass das Wasserbad nicht zu heiß wird, sonst gerinnt das Eigelb. Den Federweißer-Schaum zu den Apfelküchle servieren.

FEDERWEISSER

Den jungen, noch nicht ausgegorenen Wein gibt es nur im Frühherbst, wenn neuer Wein gekeltert wird. Alternativ können Sie auch einen Rieslingsekt oder als alkoholfreie Variante frisch gepressten Apfelsaft nehmen.

FEINE KUCHEN

MARZIPANPFLAUMEN-CAKE

MIT HONIG-ZIMT-SAHNE

ANGENEHME SÄURE UND SUPERSAFTIG

FÜR 1 SPRINGFORM VON 28–30 CM ∅ (16 STÜCKE)
ZUBEREITUNGSZEIT: CA. 20 MIN. + 60 MIN. BACKEN
PRO STÜCK: CA. 390 KCAL, 8 G EW, 24 G F, 34 G KH

Für den Kuchen:

1 Vanilleschote

250 g weiche Butter

110 g Honig

200 g Honigmarzipan

250 g Joghurt (3,5 % Fett)

1 Prise Salz

5 Eier

370 g Dinkelmehl (Type 630; alternativ Weizenmehl Type 550)

1 Pck. Weinsteinbackpulver

1 kg Pflaumen

Für die Sahne:

250 g kalte Sahne

1 TL Honig

¼ TL Zimt

Außerdem:

etwas Mehl für die Pflaumen

Backpapier

1 Für den Kuchen die Vanilleschote längs aufschneiden und mit dem Messerrücken das Mark herauskratzen. Vanillemark mit Butter und Honig mit den Quirlen des Handrührgeräts hellcremig rühren. Das Marzipan klein würfeln und mit dem Joghurt und dem Salz unter die Buttermasse rühren. Dann auch die Eier nach und nach unterrühren. Das Mehl mit dem Backpulver darübersieben und zügig unterarbeiten.

2 Den Backofen auf 180° vorheizen. Die Pflaumen waschen, abtrocknen, halbieren und entsteinen. Den Boden der Backform mit Backpapier auslegen. Den Teig einfüllen und glatt streichen.

3 Etwas Mehl auf einen Teller geben und die Pflaumen mit der Schnittfläche nach unten in das Mehl drücken, damit sie beim Backen nicht einsinken. Die Pflaumen mit der Schnittfläche nach unten auf den Teig legen.

4 Den Kuchen im Backofen (Mitte) in 50–60 Min. backen. Herausnehmen, auf ein Kuchengitter stellen und 10 Min. abkühlen lassen. Dann vorsichtig aus der Form lösen und den Kuchen auf dem Gitter auskühlen lassen.

5 Kurz vor dem Servieren die kalte Sahne mit dem Honig steif schlagen, in eine Schüssel geben und mit Zimt bestreuen. Zu dem Kuchen servieren.

MEHR SÜSSE

Der Zuckergehalt von Pflaumen variiert. Falls der Kuchen nicht süß genug ist, die Kuchenoberfläche mit wenig Honig überspinnen oder mit selbst gemachtem Vanille-Puderzucker (Seite 19) bestäuben.

CAKE À L'ORANGE MIT POLENTA-GRIESS

ERFRISCHEND UND SAFTIG

FÜR 1 KASTENFORM VON 30 CM LÄNGE (17 STÜCKE)
ZUBEREITUNGSZEIT: CA. 30 MIN. + 60 MIN. BACKEN + 60 MIN. ZIEHEN
PRO STÜCK: CA. 260 KCAL, 5 G EW, 17 G F, 23 G KH

4 Orangen, davon 2 Bio-Orangen

4 Eier

1 Prise Salz

1 Vanilleschote

250 g weiche Butter

250 g Birnendicksaft

150 g Dinkelmehl (Type 630; alternativ Weizenmehl Type 550)

80 g feiner Polentagrieß

2 gehäufte TL Weinsteinbackpulver

75 g gemahlene Mandeln

3 EL Orangenlikör nach Belieben

Außerdem:

10 g weiche Butter für die Form

Backpapier

1 Die Backform mit Backpapier auslegen und den Boden mit der weichen Butter bestreichen. Die beiden Bio-Orangen heiß waschen, abtrocknen und die Schale fein abreiben. Dann vollständig schälen und in ½ cm dicke Scheiben schneiden. Den Boden der Kastenform mit den Orangenscheiben auslegen.

2 Den Backofen auf 180° vorheizen. Die Eier trennen, die Eiweiße mit dem Salz steif schlagen und den Eischnee kalt stellen. Die Vanilleschote längs halbieren und mit dem Messerrücken das Mark herauskratzen. Die beiden übrigen Orangen auspressen, es sollten 150 ml Saft entstehen.

3 Das Vanillemark mit der Butter, der Hälfte der abgeriebenen Orangenschale und 150 g Birnendicksaft cremig aufschlagen, nach und nach die Eigelbe einzeln unterrühren. 100 ml Orangensaft langsam einfließen lassen und dabei weiterschlagen.

4 Mehl, Grieß, Backpulver und gemahlene Mandeln in einer Schüssel mischen. Zusammen mit dem Eischnee unter die Buttermasse heben. Den Teig in die Form füllen und die Oberfläche glatt streichen. Im Backofen (Mitte) in ca. 60 Min. backen. Dann mit einem Holzstäbchen die Stäbchenprobe machen: Beim Herausziehen darf kein Teig mehr daran kleben.

5 Inzwischen den restlichen Orangensaft nach Belieben mit dem Likör mischen. Den noch warmen Kuchen in der Form mit der Mischung beträufeln und komplett auskühlen lassen. Anschließend den Kuchen vorsichtig auf eine längliche Tortenplatte stürzen, sodass die Orangenscheiben oben sind.

6 Den restlichen Birnendicksaft erwärmen und mit der übrigen abgeriebenen Orangenschale mischen. Über den Kuchen geben und vor dem Anschneiden mindestens 60 Min. durchziehen lassen.

TIRAMISU-TORTE

MIT HONIG-BISKUIT

PERFEKT ZUR KAFFEETAFEL

FÜR 1 SPRINGFORM VON 26 CM ∅ (16 STÜCKE)
ZUBEREITUNGSZEIT: CA. 45 MIN. + 30 MIN. BACKEN + 3 STD. KÜHLEN
PRO STÜCK: CA. 280 KCAL, 6 G EW, 20 G F, 15 G KH

Für den Teig:

3 Eier

1 Prise Salz

75 g Honig

30 g Speisestärke

60 g Dinkelmehl (Type 630; alternativ Weizenmehl Type 550)

1 TL Weinsteinbackpulver

100 ml starker Espresso

2 EL Mandellikör (z. B. Amaretto)

Für den Belag:

125 g Sahne

½ Bio-Zitrone

1 Vanilleschote

250 g Magerquark

500 g Mascarpone

50 g Honig

5 EL Mandellikör (z. B. Amaretto)

Für die Dekoration:

30 g Mandelblättchen

2 EL Kakaopulver zum Bestäuben

Außerdem:

Backpapier

1 Den Boden der Springform mit Backpapier auslegen. Den Backofen auf 180° vorheizen. Für den Teig die Eier trennen und die Eiweiße mit dem Salz steif schlagen. Die Eigelbe mit Honig und 3 EL lauwarmem Wasser ca. 8 Min. mit den Quirlen des Handrührgeräts dickschaumig schlagen. Den Eischnee auf die Eigelbmasse geben und die Stärke mit dem Mehl und dem Backpulver darübersieben. Mit einem Teigschaber unterheben.

2 Den Teig in die Form füllen, glatt streichen und im Backofen (Mitte) in 25–30 Min. backen. Dann den Biskuit herausnehmen, 5 Min. abkühlen lassen, vorsichtig aus der Form lösen, auf ein Gitter stürzen und das Backpapier abziehen. Den Espresso mit dem Mandellikör verrühren, den Biskuitboden damit beträufeln, auskühlen lassen und dann auf eine Tortenplatte legen.

3 Für den Belag die Sahne steif schlagen. Die halbe Zitrone heiß waschen, abtrocknen und die Schale fein abreiben. Die Vanilleschote längs halbieren und mit dem Messerrücken das Mark herauskratzen. Vanillemark mit Quark, Mascarpone, Honig, Mandellikör und der Zitronenschale aufschlagen. Die Sahne vorsichtig unterheben und die Creme kuppelförmig auf den Biskuit streichen, dabei den Teigrand mit einstreichen.

4 Mit einem nassen Esslöffel kleine Vertiefungen in die Creme drücken. Die Mandelblättchen in einer trockenen beschichteten Pfanne hellbraun rösten. Auf einem Teller abkühlen lassen. Die Torte mindestens 3 Std. kalt stellen. Vor dem Servieren geröstete Mandelblättchen auf dem Tortenrand verteilen und die Tortenoberfläche mit dem Kakaopulver bestäuben.

SCHNECKENNUDELN MIT PASSIONSFRUCHT-GLASUR

FLUFFIG MIT KARIBIK-FLAIR

FÜR CA. 24 STÜCK
ZUBEREITUNGSZEIT: CA. 35 MIN. + 90 MIN. GEHEN + 20 MIN. BACKEN
PRO STÜCK: CA. 210 KCAL, 5 G EW, 11 G F, 23 G KH

Für den Hefeteig:

35 g Hefe

450 g Dinkelmehl (Type 630)

2 EL Ahornsirup

150 ml Kokosmilch

80 g Butter

1 Prise Salz

1 Ei

Für die Füllung:

40 g Speisestärke

2 EL Ahornsirup

½ l Kokosmilch

1 Vanilleschote

25 g Butter

100 g exotische Trockenfrüchte

¼ TL Zimt

¼ TL frisch geriebene Muskatnuss

100 g gesalzene Erdnüsse

Für die Glasur:

2 Passionsfrüchte

70 ml Ahornsirup

Außerdem:

Backpapier

1 Für den Teig die Hefe zerbröseln, mit allen anderen Teigzutaten in der Rührschüssel der Küchenmaschine mischen und zu einem glatten Teig verarbeiten. Die Schüssel mit einem feuchten sauberen Geschirrtuch abdecken und den Teig 60 Min. gehen lassen.

2 Inzwischen für die Füllung einen Flammeri zubereiten. Dazu die Speisestärke mit Ahornsirup und 4 EL Kokosmilch glatt rühren. Die Vanilleschote längs halbieren. Vanilleschote mit dem Mark und der restlichen Kokosmilch zum Kochen bringen. Die Stärkemischung einrühren und unter Rühren bei großer Hitze aufkochen lassen, bis die Masse Blasen wirft und dicklich wird. Dann die Vanilleschote entfernen und die Butter unterrühren. Den Flammeri erkalten lassen, dabei mehrmals umrühren.

3 Den Hefeteig zu einem Rechteck von ca. 40 × 30 cm ausrollen. Den Flammeri darauf verteilen, mit den Trockenfrüchten bestreuen und mit Zimt und Muskat würzen. Von der längeren Seite her aufrollen und in 1 ½ cm dicke Scheiben schneiden. Auf ein mit Backpapier belegtes Backblech legen.

4 Die Erdnüsse auf ein sauberes Geschirrtuch legen und das Salz leicht abreiben. Dann mittelgrob hacken und über die Schneckennudeln streuen. Nochmals 30 Min. bei Zimmertemperatur zugedeckt gehen lassen. Inzwischen den Backofen auf 200° vorheizen. Die Schneckennudeln in 15–20 Min. goldgelb backen.

5 Die Passionsfrüchte halbieren und mit einem Löffel das Fruchtmark herauslösen. In einer kleinen Schüssel mit dem Ahornsirup vermengen. Die warmen Schneckennudeln damit bestreichen und abkühlen lassen.

APFELKRAUT-TARTE

MIT FEIN-HERBER FÜLLUNG

KNUSPRIGER TARTEBODEN
SAHNIG GEFÜLLT

FÜR 1 TARTEFORM VON 28 CM ∅ (16 STÜCKE)
ZUBEREITUNGSZEIT: CA. 25 MIN. + 65 MIN. BACKEN
PRO STÜCK: CA. 170 KCAL, 3 G EW, 7 G F, 15 G KH

Für den Teig:

240 g Dinkelmehl (Type 630; alternativ Weizenmehl Type 550)

1 TL Weinsteinbackpulver

1 Prise Salz

80 ml Rapsöl

Für die Füllung:

3 Eier

125 g Crème double

50 g Sahne

100 g Apfelkraut

Außerdem:

Mehl zum Ausrollen

Backpapier

1 Für den Teig Mehl mit Backpulver, Salz, Rapsöl und 80 ml heißem Wasser in eine verschließbare Plastikschüssel geben, sofort mit dem Deckel verschließen und gut durchschütteln. Die Schüssel öffnen und den Teig mit den Händen kurz durchkneten. Sofort auf wenig Mehl zu einem ca. 30 cm großen Kreis ausrollen.

2 Den Backofen auf 210° vorheizen. Die Tarteform mit Backpapier auslegen und den ausgerollten Teig hineinlegen, dabei einen kleinen Rand von 2 cm hochziehen. Den Teig mit einer Gabel sehr dicht einstechen. Im Backofen (Mitte) 10–15 Min. hellgelb vorbacken.

3 In der Zwischenzeit für die Füllung die Eier mit Crème double, Sahne und dem Apfelkraut in einem hohen Rührbecher mit dem Pürierstab durchmixen.

4 Den Tarteboden aus dem Ofen nehmen und die Apfelkraut-Sahne daraufgeben. Den Backofen auf 180° herunterschalten und die Tarte in 45–50 Min. backen, bis die Oberfläche fest und starr ist, wenn die Form bewegt wird. Die Oberfläche sollte die Konsistenz eines Flans haben. Die Tarte aus dem Ofen nehmen, auf ein Gitter stellen und in der Form erkalten lassen.

SCHOKO-DATTEL-KUCHEN

MIT FRISCHEN HIMBEEREN

SUPERSAFTIG, GANZ OHNE MEHL UND ZUCKER

FÜR 1 SPRINGFORM VON 26 CM ∅ (16 STÜCKE)
ZUBEREITUNGSZEIT: CA. 25 MIN. + 30 MIN. BACKEN
PRO STÜCK: CA. 185 KCAL, 5 G EW, 11 G F, 16 G KH

200 g Haselnusskerne

6 Eier

1 Prise Salz

1 Vanilleschote

250 g entsteinte getrocknete Datteln

50 g Kakaopulver

Für die Dekoration:

etwas Kakaopulver zum Bestäuben

200 g Himbeeren

Außerdem:

Backpapier

1 Den Backofen auf 180° vorheizen. Die Haselnusskerne auf ein Backblech legen und im Ofen (Mitte) in 10 Min. rösten. Aus dem Ofen nehmen und abkühlen lassen. Die Nüsse auf ein sauberes Geschirrtuch legen und die losen Schalen abreiben. Die Nüsse fein mahlen.

2 Die Eier trennen. Die Eiweiße mit dem Salz steif schlagen. Die Vanilleschote längs halbieren und mit dem Messerrücken das Mark herauskratzen. Datteln mit 200 ml Wasser und Eigelben in einem Mixer fein pürieren. In eine Rührschüssel geben und Kakaopulver und Vanillemark unterrühren. Den Eischnee in drei Portionen zusammen mit den gemahlenen Haselnüssen mit einem Teigschaber untermengen.

3 Den Backofen auf 190° vorheizen. Den Boden der Springform mit Backpapier auslegen. Den Teig einfüllen und im Backofen (Mitte) in ca. 30 Min. backen. Dann mit einem Holzstäbchen die Stäbchenprobe machen: Der Kuchen darf in der Mitte noch etwas feucht bleiben, jedoch sollte kein Teig mehr am Stäbchen hängen bleiben.

4 Den Kuchen aus dem Ofen nehmen und auf ein Kuchengitter stellen. 5 Min. abkühlen lassen, dann den Kuchen mit einem Messer mit abgerundeter Spitze vom Formrand lösen. Vorsichtig auf ein Gitter setzen und auskühlen lassen. Die Oberfläche mit etwas Kakaopulver bestäuben und mit den Himbeeren dekorieren.

PAIN D'EPICES

MIT BIRNEN-DICKSAFT

SCHMECKT NICHT NUR AN WEIHNACHTEN

FÜR 1 SPRINGFORM VON 20 CM ∅ (16 STÜCKE)
ZUBEREITUNGSZEIT: CA. 25 MIN. + 40 MIN. BACKEN
PRO STÜCK: CA. 240 KCAL, 4 G EW, 10 G F, 33 G KH

Für den Teig:

250 g Sahne

150 ml Milch

200 g Birnendicksaft

100 g Honig

1 EL frisch gepresster Zitronensaft

1 EL Lebkuchengewürz

400 g Weizenmehl (Type 1050)

1 TL Weinsteinbackpulver

1 TL Natron

1 Prise Salz

2 EL Birnendicksaft zum Bestreichen

selbst gemachter Vanille-Puderzucker (Seite 19) zum Bestäuben

Für die Sahne:

200 g Sahne

etwas Zimt

Außerdem:

etwas weiche Butter für die Form

Backpapier

1 Die Sahne halb steif schlagen. Die Milch in einer großen Schüssel mit Birnendicksaft, Honig und Zitronensaft schaumig rühren, dann die geschlagene Sahne unterheben. Lebkuchengewürz, Mehl, Backpulver, Natron und Salz dazugeben und kurz unterrühren, so dass ein glatter Teig entsteht.

2 Den Backofen auf 180° vorheizen. Den Boden der Springform mit Backpapier auslegen und die Ränder mit weicher Butter einstreichen. Den Teig in die Form füllen. Im Backofen (unten) in ca. 40 Min. backen.

3 Den Kuchen herausnehmen und auf ein Kuchengitter stellen. Die Kuchenoberfläche mit Birnendicksaft bestreichen. Dann 10 Min. abkühlen lassen, anschließend den Kuchen vorsichtig aus der Form lösen und auf dem Gitter vollständig auskühlen lassen. Nach Belieben mit etwas Vanille-Puderzucker bestäuben.

4 Die Sahne steif schlagen und mit etwas Zimt bestreuen. Zum Kuchen servieren.

LEBKUCHENGEWÜRZ SELBER MACHEN

30 g Ceylon-Zimtstangen, 6 Gewürznelken, je 2 g Pimentkörner, Korianderkörner, Anissamen, grüne Kardamomkapseln und Muskatblüte sowie 1 Sternanis in einer beschichteten Pfanne trocken rösten. Abkühlen lassen, dann portionsweise in einer elektrischen Kaffeemühle mit dem Mark einer Vanilleschote und 1 TL Ingwerpulver fein mahlen. Bleibt in einem Schraubglas aufbewahrt ca. 6 Monate voller Aroma.

FAR BRETON

FRANZÖSISCHE DÖRR-PFLAUMEN-TARTE

SPEZIALITÄT AUS DER BRETAGNE

FÜR 1 TARTEFORM VON 28–30 CM ∅ ODER 1 AUFLAUFFORM VON 2 L INHALT (16 STÜCKE)
ZUBEREITUNGSZEIT: CA. 75 MIN. + 50 MIN. BACKEN
PRO STÜCK: CA. 140 KCAL, 5 G EW, 6 G F, 17 G KH

200 g entsteinte Dörrpflaumen
2 EL frisch gepresster Zitronensaft
1 Vanilleschote
4 Eier
80 g Apfelkraut
1 Prise Salz
125 g Dinkelmehl (Type 630; alternativ Weizenmehl Type 550)
750 ml Milch
1 EL weiche Butter für die Form
50 g Mandelblättchen
etwas Zimt

1 Die Dörrpflaumen mit dem Zitronensaft in eine Schüssel geben und mit lauwarmem Wasser bedecken. 60 Min. stehen lassen.

2 Inzwischen die Vanilleschote längs halbieren und mit dem Messerrücken das Mark herauskratzen. Das Vanillemark mit Eiern, Apfelkraut und Salz schaumig rühren. Nach und nach das Mehl abwechselnd mit der Milch unterrühren, sodass ein glatter, flüssiger Teig entsteht. Den Backofen auf 200° vorheizen.

3 Die Auflaufform mit der weichen Butter ausstreichen und mit den Mandelblättchen und wenig Zimt ausstreuen. Die Pflaumen in einem Sieb abtropfen lassen, die Form auf ein Kuchengitter stellen und die abgetropften Pflaumen hineinlegen.

4 Den Teig darübergießen. Das Gitter mit der Form in den Backofen (Mitte) schieben und den Kuchen je nach Dicke und Material der Form 40–50 Min. garen, bis der Teig fest und die Oberfläche gebräunt ist. In der Form erkalten lassen und darin servieren.

MIT ALKOHOL

So wird's hochprozentig: Die Pflaumen können Sie vor dem weiteren Verarbeiten in 100 ml Armagnac einlegen.

ZITRONENSCHNITTEN

MIT SCHMAND-SAHNE UND GRANATAPFEL

FRUCHTIGER GENUSS MIT QUINOA

FÜR 1 BACKBLECH (24 STÜCKE)
ZUBEREITUNGSZEIT: CA. 35 MIN. + 25 MIN. BACKEN
PRO STÜCK: CA. 240 KCAL, 4 G EW, 16 G F, 23 G KH

Für den Teig:

2 Bio-Zitronen

4 Eier

200 g Birkenzucker

70 ml kohlensäurehaltiges Mineralwasser

250 g Dinkelmehl (Type 630; alternativ Weizenmehl Type 550)

1 Pck. Weinsteinbackpulver

1 Prise Salz

50 g gepuffte Quinoa

75 ml Mandelöl

Für den Belag:

600 g Sahne

ca. 3 EL selbst gemachter Vanille-Puderzucker (Seite 19)

3 Pck. Sahnesteif

400 g Schmand

1 Granatapfel

Außerdem:

Backpapier

1 Den Backofen auf 160° Umluft vorheizen. Für den Teig die Zitronen heiß waschen, abtrocknen und die Schale fein abreiben. Den Saft auspressen und ca. 100 ml Saft abmessen.

2 Zitronenschale und -saft, Eier, Zucker und Mineralwasser mit dem Handrührgerät sehr schaumig schlagen. Das Mehl mit Backpulver und Salz darübersieben, Quinoa dazugeben und alles mit dem Schneebesen unterheben. Das Mandelöl zum Schluss untermengen.

3 Den Teig auf ein mit Backpapier ausgelegtes Backblech streichen. Im Backofen (Mitte) in ca. 25 Min. goldgelb backen. Den Kuchen mit dem Backpapier auf ein Kuchengitter setzen und auskühlen lassen.

4 Inzwischen die Sahne mit 3 EL Vanille-Puderzucker und dem Sahnesteif steif schlagen, dann den Schmand mit dem Schneebesen unterheben. Die Sahnemasse auf den ausgekühlten Kuchen streichen. Den Granatapfel halbieren, jeweils eine Hälfte mit der Schnittfläche nach unten auf die Handfläche legen. Über eine Schüssel halten und mit einem Kochlöffel auf die Granatapfelhälfte schlagen, sodass die Kerne in die Schüssel springen.

5 Die Granatapfelkerne auf die Schmandsahne streuen. Nach Belieben noch mit etwas Vanille-Puderzucker bestäuben. Dann den Kuchen in Würfel schneiden.

RAHM-QUARK-KUCHEN

MIT ERDBEER-COULIS

OMAS BESTER!

FÜR 1 SPRINGFORM VON 28 CM ∅ (16 STÜCKE)
ZUBEREITUNGSZEIT: CA. 35 MIN. + 90 MIN. GEHEN + 50 MIN. BACKEN + 50 MIN. ABKÜHLEN
PRO STÜCK: CA. 225 KCAL, 10 G EW, 8 G F, 28 G KH

Für den Hefeteig:

200 g Dinkelmehl (Type 630)

6 EL Milch | ¼ Würfel Hefe (10 g)

70 g Kokosblütenzucker

1 Eigelb | 1 Prise Salz

50 g weiche Butter

Für die Füllung:

1 Vanilleschote | 500 g Magerquark

250 g Sahnequark (40 % Fett)

150 g Kokosblütenzucker

3 Eier

200 g saure Sahne (10 % Fett)

300 g Sahne

2 EL Speisestärke | ½ TL Zimt

2 Prisen frisch geriebene Muskatnuss

Für den Erdbeer-Coulis:

250 g aromatische Erdbeeren

2 EL Vanille-Puderzucker (Seite 19)

einige Walderdbeeren mit Blüten

1 Für den Teig das Mehl in eine Schüssel sieben und in die Mitte eine Vertiefung drücken. Die Milch lauwarm erwärmen. Die Hefe in die Mulde bröseln, 1 EL Zucker und die Hälfte der Milch ebenfalls hineingeben. Mit etwas Mehl vom Rand zu einem weichen Vorteig vermengen. Den Vorteig mit einem feuchten sauberen Geschirrtuch abgedeckt ca. 15 Min. gehen lassen, bis sich Bläschen bilden.

2 Dann den restlichen Zucker, die restliche lauwarme Milch, Eigelb, Salz und Butter in Flöckchen zufügen und alles zuerst mit den Knethaken des Handrührgeräts, dann mit den Händen zu einem glatten Teig verkneten. Die Schüssel mit einem feuchten sauberen Geschirrtuch abdecken und den Teig 45 Min. bei Zimmertemperatur gehen lassen.

3 Den Teig mit den Händen gut durchkneten und auf einer leicht bemehlten Arbeitsfläche zu einem Fladen (etwa 32 cm ∅) ausrollen. Die Springform mit Butter bestreichen und den Teig hineinlegen, dabei die Ränder etwas höher ziehen und fest andrücken. Den Teig nochmals 30 Min. zugedeckt gehen lassen.

4 In der Zwischenzeit die Vanilleschote längs halbieren und mit dem Messerrücken das Mark herauskratzen. Das Vanillemark mit Quark, Sahnequark, Zucker, Eiern, saurer Sahne, Sahne, Speisestärke, Zimt und Muskatnuss mit den Quirlen des Handrührgeräts cremig rühren. Die Füllung auf den Hefeteig streichen. Bei 180° im Backofen (Mitte) in 40–50 Min. backen.

5 Den Kuchen auf einem Kuchengitter 10 Min. abkühlen lassen, dann vorsichtig aus der Form lösen und auf dem Gitter ganz auskühlen lassen.

6 Für den Coulis die Erdbeeren entkelchen, verlesen, waschen und abtropfen lassen. Die Früchte mit dem Vanille-Puderzucker mixen. Den Coulis nach Belieben durch ein feines Sieb streichen, zum Rahm-Quark-Kuchen servieren und den Kuchen mit einigen Walderdbeeren und Blüten bestreuen.

HASELNUSS-SAVARIN

MIT TRAUBEN-SIRUP

MIT ORIENTALISCHER NOTE

FÜR 1 SAVARIN-FORM VON 23 CM ∅ UND 800 ML INHALT (12 STÜCKE)
ZUBEREITUNGSZEIT: CA. 35 MIN. + 35 MIN. BACKEN
PRO STÜCK: CA. 325 KCAL, 5 G EW, 23 G F, 25 G KH

Für den Teig:

130 g Haselnusskerne
120 g weiche Butter
60 g Traubensirup (Pekmez; türkischer Lebensmittlladen)
2 Eier
150 g Dinkelgrieß
2 TL Weinsteinbackpulver
1 Prise Salz

Für den Sirup:

300 ml Traubensaft
1 Zimtstange
6 Kardamomkapseln
2 Gewürznelken
4 EL Traubensirup

Für den Belag:

300 g rote und weiße Weintrauben
200 g kalte Sahne

Außerdem:

etwas weiche Butter für die Form
etwas Grieß für die Form

1 Für den Teig die Haselnüsse in einer Pfanne trocken rösten, bis sie zu duften beginnen. Auf ein sauberes Geschirrtuch geben und die losen Schalen abreiben. 30 g Haselnüsse in feine Scheiben schneiden und für die Dekoration beiseite stellen. Die restlichen Nüsse fein mahlen. Die Backform mit weicher Butter ausstreichen und mit Grieß ausstreuen. Den Backofen auf 180° vorheizen.

2 Butter und Sirup zusammen cremig rühren. Die Eier einzeln unterrühren. In einer Schüssel Grieß, Backpulver, Salz und gemahlene Nüsse mischen. Zusammen mit 2 EL Wasser unter die Buttermasse rühren. Den Teig in die vorbereitete Backform füllen und im Backofen (Mitte) in 30–35 Min. goldgelb backen.

3 Inzwischen den Sirup zubereiten. Den Traubensaft in einem Topf zugedeckt zum Kochen bringen. Die Zimtstange halbieren und die Kardamomkapseln andrücken, beides mit den Gewürznelken zum Traubensaft geben. Mit halb aufgelegtem Topfdeckel bei mittlerer Hitze 10 Min. kochen. 3 EL Traubensirup unterrühren und bis zur Verwendung stehen lassen.

4 Den Kuchen 10 Min. auskühlen lassen, dann mit einem Messer vom Rand lösen und vorsichtig auf eine Kuchenplatte stürzen. Die Gewürze aus dem Sud nehmen und den Sud über den ganzen Kuchen träufeln. Den Kuchen komplett auskühlen lassen. In dieser Zeit wird der eventuell noch übrige Sirup vom Kuchen vollständig aufgesogen.

5 Die Trauben waschen, abreiben und eventuell halbieren. Die Sahne steif schlagen und in die Kranzmitte geben. Die Haselnussblättchen auf den Kuchen geben. Die Trauben auf der Sahne verteilen und mit dem restlichen Traubensirup beträufeln.

BANANEN-KOKOS-KUCHEN

MIT BUTTER-MILCH UND RUM

SAFTIG UND EXOTISCH

FÜR 1 KASTENFORM VON 25 CM LÄNGE (12 STÜCKE)
ZUBEREITUNGSZEIT: CA. 30 MIN. + 55 MIN. BACKEN + 15 MIN. ABKÜHLEN
PRO STÜCK: CA. 245 KCAL, 5 G EW, 15 G F, 23 G KH

110 g weiche Butter
80 g Kokosblütenzucker
2 Eier
240 ml Buttermilch
½ Vanilleschote
2 EL brauner Rum nach Belieben
100 g Kokosraspel
170 g Dinkelmehl (Type 630; alternativ Weizenmehl Type 550)
1 Prise Salz
1 geh. TL Weinsteinbackpulver
¼ TL Natron
2 reife Bananen

Außerdem:

etwas weiche Butter für die Form
etwas Mehl für die Form

1 Den Backofen auf 180° vorheizen. Die Butter mit dem Zucker cremig rühren. Die Eier mit der Buttermilch unterrühren und noch 5 Min. weiter schlagen. Die halbe Vanilleschote längs halbieren und mit dem Messerrücken das Mark herauskratzen. Vanillemark und Rum nach Belieben zu der Eier-Buttermilch geben. Von den Kokosraspeln 2 EL für die Dekoration abnehmen und beiseite stellen. Die übrigen Kokosraspel mit Mehl, Salz, Backpulver und Natron mischen und unter die Eier-Buttermilch mengen.

2 Die Bananen schälen, mit einer Gabel grob zerdrücken und unter den Teig heben. Die Kuchenform mit weicher Butter ausstreichen und dünn mit Mehl bestäuben. Den Teig einfüllen und die Oberfläche glatt streichen. Im Backofen (Mitte) in ca. 45 Min. backen. Dann mit einem Holzstäbchen die Stäbchenprobe machen: Beim Herausziehen darf kein Teig mehr daran kleben.

3 Den Backofen ausschalten und den Kuchen noch 10 Min. nachbacken lassen. Den Kuchen aus dem Ofen nehmen und 15 Min. abkühlen lassen, dann mit einem Messer vom Rand lösen und vorsichtig auf ein Kuchengitter setzen. Mit den restlichen Kokosraspeln bestreuen und auskühlen lassen.

HEFEZOPF

MIT MANGO, PISTAZIEN UND KARDAMOM

DAS MUST ZUM SONNTAGS-FRÜHSTÜCK!

FÜR 1 HEFEZOPF VON CA. 800 G (16 STÜCKE)
ZUBEREITUNGSZEIT: CA. 35 MIN. + 105 MIN. GEHEN + 30 MIN. BACKEN
PRO STÜCK: CA. 215 KCAL, 6 G EW, 8 G F, 31 G KH

500 g Dinkelmehl (Type 630; alternativ Weizenmehl Type 550)
125 ml Milch
1 Würfel Hefe (42 g)
80 g Kokosblütenzucker
100 g getrocknete Mangostücke
100 g Butter
¼ TL Salz
½ TLgemahlener Kardamom
2 Eier
1 Eigelb zum Bestreichen
1 EL Sahne zum Bestreichen
2 EL fein gehackte Pistazien

Außerdem:
Backpapier
Mehl für die Arbeitsfläche

1 Das Mehl in eine Schüssel geben und in die Mitte eine Vertiefung drücken. Die Milch lauwarm erwärmen. Die Hefe in die Mehlmulde bröseln, 1 TL Kokosblütenzucker und die Milch ebenfalls hineingeben und mit etwas Mehl vom Rand zu einem weichen Vorteig vermengen. Den Vorteig ca. 15 Min. bei Zimmertemperatur mit einem feuchten sauberen Geschirrtuch abgedeckt gehen lassen, bis sich Bläschen bilden. Inzwischen die Mangostücke in einer kleinen Schüssel in warmem Wasser einweichen.

2 Butter, restlichen Zucker, Salz und Kardamom auf dem Mehlrand verteilen. Die Eier dazugeben und alles zusammen mit den Knethaken des Handrührers zu einem glatten Teig verkneten. Solange kneten, bis sich der Teig vom Schüsselrand löst. Die Mangostücke abtropfen lassen, klein schneiden und unterkneten.

3 Die Schüssel mit einem feuchten sauberen Geschirrtuch abdecken und den Teig bei Zimmertemperatur 60 Min. gehen lassen. Das Teigvolumen sollte sich verdoppeln. Den Teig mit den Händen nochmals kräftig durchkneten. In drei gleich große Stücke teilen und auf einer bemehlten Arbeitsfläche zu gleichmäßigen Strängen rollen. Die Stränge zu einem Zopf flechten.

4 Den Zopf auf ein mit Backpapier ausgelegtes Backblech legen. Das Eigelb mit der Sahne verrühren und den Zopf mit der Hälfte der Eiermilch bestreichen. Den Zopf nochmals bei Zimmertemperatur 30 Min. gehen lassen. Den Backofen auf 180° vorheizen. Den Zopf mit der restlichen Eiersahne bestreichen und mit den gehackten Pistazien bestreuen. Im Backofen (Mitte) in ca. 30 Min. goldgelb backen.

KLEINE ZÖPFE

Für zwei kleine Zöpfe einfach den Teig teilen und aus jeder Teigkugel wie beschrieben einen Zopf flechten.

WALNUSS-SAHNETORTE

MIT DÖRR-PFLAUMEN

ABSOLUT NUSSIG

FÜR 1 SPRINGFORM VON 24 CM ∅ (16 STÜCKE)
ZUBEREITUNGSZEIT: CA. 45 MIN. + 50 MIN. BACKEN
PRO STÜCK: CA. 225 KCAL, 5 G EW, 17 G F, 12 G KH

Für den Teig:

4 Eier
1 Prise Salz
1 ½ TL Weinsteinbackpulver
150 g Ahornsirup
½ Vanilleschote
250 g Walnusshälften

Für die Füllung und Garnitur:

100 g entsteinte Dörrpflaumen
1 Zimtstange
1 Sternanis
250 g kalte Sahne
30 g Walnusshälften
3 TL Ahornsirup

Außerdem:

Backpapier

1 Den Boden der Form mit Backpapier auslegen und den Backofen auf 180° vorheizen. Die Eier trennen und die Eiweiße mit Salz und Backpulver mit den Quirlen des Handrührgeräts steif schlagen. Die Eigelbe zusammen mit dem Ahornsirup schaumig rühren. Die halbe Vanilleschote längs halbieren, mit dem Messerrücken das Mark herauskratzen und zur Eigelbmasse geben. Die Walnüsse fein mahlen und mit dem Eischnee vorsichtig unter die Eigelbmasse ziehen.

2 Den Teig in die Form füllen und im Backofen (Mitte) in 45–50 Min. backen. Aus dem Ofen nehmen, etwas abkühlen lassen, aus der Form lösen und auf einem Gitter ganz auskühlen lassen.

3 Inzwischen für das Pflaumenmus die Pflaumen in einem Topf mit 250 ml Wasser, der Zimtstange und dem Sternanis zum Kochen bringen und zugedeckt 10 Min. bei kleiner bis mittlerer Hitze köcheln lassen. Ausschalten und noch 10 Min. ziehen lassen. Dann die Gewürze entfernen und die Pflaumen mit etwas Kochflüssigkeit zu einer streichfähigen Masse pürieren.

4 Den Walnusskuchen zweimal quer halbieren. Den unteren Boden auf eine Tortenplatte setzen und mit Pflaumenmus bestreichen. Den mittleren Boden auflegen. Die Sahne steif schlagen und ein Drittel auf den mittleren Boden streichen. Den oberen Boden auflegen.

5 Die Walnüsse bei mittlerer Hitze in einer Pfanne kurz rösten. Den Ahornsirup zugeben und unter ständigem Rühren köcheln lassen, bis die Nüsse vollständig glasiert sind. Auf Backpapier auskühlen lassen. Die restliche Sahne mit einem Esslöffel auf den Tortendeckel setzen. Die abgekühlten glasierten Nusshälften mittelgrob hacken und auf die Torte streuen.

CARROT-CAKE MIT FRISCHKÄSE-ORANGEN-CREME

FRUCHTIGE RÜBLITORTE

FÜR 1 SPRINGFORM VON 24 CM ∅ (12 STÜCKE)
ZUBEREITUNGSZEIT: CA. 30 MIN. + 50 MIN. BACKEN
PRO STÜCK: CA. 420 KCAL, 8 G EW, 30 G F, 38 G KH

Für den Teig:

150 g Cashewkerne

200 g Möhren

50 g weiche Butter

150 g Birkenzucker

1 Prise Salz

4 Eier

200 g Dinkelmehl (Type 630; alternativ Weizenmehl Type 550)

1 Pck. Weinsteinbackpulver

½ TL Zimt

¼ TL frisch geriebene Muskatnuss

1 säuerlicher Apfel

2 gehäufte EL Kokosraspel

Für die Creme:

2 Bio-Orangen

200 g weiche Butter

6 EL selbst gemachter Vanille-Puderzucker (Seite 19)

200 g Doppelrahmfrischkäse

Außerdem:

Backpapier

1 Die Cashewkerne in einer Pfanne bei mittlerer Hitze trocken rösten, bis sie anfangen zu duften. Abkühlen lassen, dann fein mahlen. Die Möhren waschen, sauber bürsten und sehr fein reiben.

2 Die Butter mit Zucker und Salz in einer Schüssel mit den Quirlen des Handrührgeräts verrühren. Die Eier nach und nach unterrühren. Die Cashewkerne mit geriebenen Möhren, Mehl, Backpulver, Zimt und Muskat mischen und zügig unter die Eiermasse rühren.

3 Den Boden der Form mit Backpapier auslegen. Den Backofen auf 180° vorheizen. Den Apfel schälen, vierteln, vom Kerngehäuse befreien und fein würfeln. Apfelwürfel mit den Kokosraspeln sofort unter den Teig heben, den Teig in die Form füllen, glatt streichen und im Backofen (Mitte) in ca. 50 Min. backen.

4 Den fertigen Kuchen herausnehmen, 5 Min. abkühlen lassen und anschließend vorsichtig aus der Form lösen. Mithilfe eines Tortenhebers auf ein Kuchengitter legen und auskühlen lassen.

5 Für die Garnitur die Orangen heiß waschen, abtrocknen, die Schale von 1 Orange fein abreiben. Mit einem Zestenreißer von der zweiten Orange feine Streifen abziehen. Die abgeriebene Orangenschale mit Butter und Vanille-Puderzucker cremig rühren, den Frischkäse portionsweise unterrühren.

6 Den Tortenboden einmal quer durchschneiden, den Boden auf eine Tortenplatte legen und mit einem Drittel der Creme bestreichen. Den Teigdeckel auflegen und die Torte rundherum mit der restlichen Creme bestreichen. Mit Orangenzesten bestreuen.

ERDBEER-MANDEL-TORTE

MIT FEINER SAHNE-FÜLLUNG

KNUSPRIG UND FRUCHTIG

FÜR 2 SPRINGFORMEN VON 26 CM ∅ (16 STÜCKE)
ZUBEREITUNGSZEIT: CA. 40 MIN. + 20 MIN. BACKEN
PRO STÜCK: CA. 170 KCAL, 5 G EW, 10 G F, 15 G KH

Für die Tortenböden:

4 Eiweiße

1 Prise Salz

70 g Kokosblütenzucker

75 g gemahlene Mandeln

25 g gehackte Mandeln

1 EL Dinkelmehl (Type 630; alternativ Weizenmehl Type 550)

25 g Mandelblättchen

Für die Füllung:

700 ml Milch

60 g Speisestärke

50 g Kokosblütenzucker

4 Eigelbe

3–4 Tropfen Bittermandelextrakt

200 g kalte Sahne

500 g Erdbeeren

etwas selbst gemachter Vanille-Puderzucker (Seite 19) zum Bestäuben

Außerdem:

Backpapier

1 Den Backofen auf 160° Umluft vorheizen. Für die Tortenböden die Eiweiße mit Salz und Zucker steif schlagen. Die gemahlenen und die gehackten Mandeln mit dem Mehl mischen und mit einem Teigschaber unter den Eischnee heben. Die Böden von zwei Springformen mit Backpapier auslegen und den Teig auf beide Formen verteilen. Einen der beiden Böden mit den Mandelblättchen bestreuen.

2 Beide Tortenböden in ca. 20 Min. goldgelb backen. Aus dem Ofen nehmen und 5 Min. abkühlen lassen. Dann vorsichtig aus den Formen lösen und auf einem Kuchengitter auskühlen lassen.

3 Für die Füllung 8 EL Milch mit Speisestärke und Zucker glatt rühren. Die restliche Milch zum Kochen bringen. Die angerührte Stärkemischung mit einem Schneebesen in die heiße Milch rühren und unter Rühren aufkochen, bis die Masse Blasen bildet. Die Eigelbe unterrühren und die Füllung nochmals erwärmen, aber nicht mehr kochen lassen.

4 Abkühlen lassen und durch ein Sieb streichen. Den Bittermandelextrakt unterrühren. Die Sahne steif schlagen und unter die kalte Füllung heben. Die Erdbeeren entkelchen, waschen, abtropfen lassen und die Früchte halbieren.

5 Die Hälfte der Creme auf den Boden ohne Mandelblättchen streichen. Die Erdbeeren darauf legen und die restliche Creme darauf verteilen. Den Teigdeckel mit den Mandelblättchen nach oben auflegen und mit Vanille-Puderzucker bestäuben.

BIENENSTICH

MIT ORANGEN-BLÜTEN-CREME

OMAS KLASSIKER MIT ORANGE

FÜR 1 SPRINGFORM VON 24 CM ∅ (16 STÜCKE)
ZUBEREITUNGSZEIT: CA. 45 MIN. + 90 MIN. GEHEN + 15 MIN. ZIEHEN + 35 MIN. BACKEN
PRO STÜCK: CA. 250 KCAL,, 6 G EW, 14 G F, 25 G KH

Für den Hefeteig:

½ Bio-Orange
300 g Dinkelmehl (Type 630)
1 Prise Salz
70 g Akazienhonig
50 g weiche Butter
100 ml Milch
1 Ei | ½ Würfel Hefe

Für den Belag:

50 g Butter | 50 g Akazienhonig
1-2 EL Sahne
80 g Mandelblättchen

Für die Creme:

1 Vanilleschote
250 ml Milch
1 Ei | 1 Eigelb
50 g Kokosblütenzucker
25 g Speisestärke
40 g weiche Butter | 1 Bio-Orange
100 g Sahne
2 EL Orangenblütenwasser (Apotheke)

1 Für den Hefeteig die Orange heiß waschen, abtrocknen und die Schale abreiben. Mehl, Salz, Honig, abgeriebene Orangenschale, Butter in Flöckchen, Milch und Ei in eine Schüssel geben. Die Hefe darüberkrümeln. Mit den Knethaken des Handrührgeräts zu einem glatten Teig verkneten. Die Schüssel mit einem feuchten sauberen Geschirrtuch abdecken und den Teig ca. 60 Min. an einem warmen Ort gehen lassen, bis sich das Teigvolumen verdoppelt hat.

2 Den Boden der Backform mit Backpapier auslegen und den Teig gleichmäßig in die Form drücken. Für den Belag die Butter mit Honig und 1–2 EL Sahne in einem Topf aufkochen lassen. Die Mandelblättchen unterrühren. Die Mandelmasse auf dem Hefeteig verteilen. Die Backform mit dem feuchten Tuch abdecken und nochmals 30 Min. gehen lassen.

3 Inzwischen für die Creme die Vanilleschote längs aufschneiden und das Mark mit dem Messerrücken aus der Schote kratzen. Die Milch mit der Vanilleschote und dem Mark in einem kleinen Topf aufkochen. Von der Herdplatte nehmen und ca. 15 Min. ziehen lassen. Die Vanilleschote entfernen.

4 Ei, Eigelb, Zucker und Stärke verrühren und mit einem Schneebesen unter die Milch rühren. Bei mittlerer Hitze unter Rühren aufkochen lassen, bis eine dicke Creme entsteht. Von der Herdplatte nehmen, die Butter unterrühren und abkühlen lassen. Die Orange heiß waschen, abtrocknen und die Schale abreiben. 100 g Sahne steif schlagen und mit dem Orangenblütenwasser und der abgeriebenen Orangenschale unter die kalte Creme ziehen. Abgedeckt kalt stellen.

5 Inzwischen den Backofen auf 180° vorheizen. Den Kuchen im Backofen (unten) in ca. 35 Min. goldgelb backen. Herausnehmen, 5 Min. abkühlen lassen, dann den Kuchen aus der Form lösen und auf einem Kuchengitter auskühlen lassen. Den Kuchen einmal quer durchschneiden. Die Creme auf den Boden streichen und den Deckel auflegen.

KLEINIGKEITEN

PISTAZIEN-CUPCAKES

MIT HONIG-BUTTERCREME UND JOHANNISBEEREN

HERRLICH FRUCHTIG, MIT ANGENEHMER SÄURE

FÜR 12 STÜCK
ZUBEREITUNGSZEIT: CA. 35 MIN. + 20 MIN. BACKEN
PRO STÜCK: CA. 305 KCAL, 5 G EW, 25 G F, 15 G KH

Für den Teig:

100 g Butter

3 Eier

75 g Birnendicksaft

60 g Pistazienkerne

80 g Dinkelmehl (Type 630; alternativ Weizenmehl Type 550)

1 gehäufter TL Weinsteinbackpulver

1 Prise Salz

Für das Topping:

2 Eiweiß

70 g Honig

1 Prise Salz

200 g weiche Butter

125 g rote Johannisbeeren

Außerdem:

12er-Muffinform und 12 Papier-Muffinförmchen

1 Den Backofen auf 180° vorheizen. Für den Teig die Butter zerlassen und abkühlen lassen. Eier und Birnendicksaft mit den Schneebesen des Handrührgeräts ca. 5 Min. schaumig schlagen. Die Pistazien fein mahlen und 1 ½ EL davon für die Deko beiseitelegen. Die restlichen Pistazien mit Mehl, Backpulver und Salz in eine Schüssel geben und mischen. Die Mehlmischung und die abgekühlte Butter unter die Eiermasse rühren.

2 Die Papier-Muffinförmchen in die Mulden setzen. Den Teig hineinfüllen und im Backofen (Mitte) in 15–20 Min. backen. Die Form herausnehmen, kurz abkühlen lassen, dann die Cupcakes aus den Mulden nehmen und auf einem Kuchengitter auskühlen lassen.

3 Für die Buttercreme Eiweiße, Honig und Salz in eine ofenfeste Schüssel geben und im heißen Wasserbad mit den Quirlen des Handrührgeräts schaumig schlagen, bis die Masse cremig und dick wird.

4 Eine große Schüssel mit eiskaltem Wasser füllen, die Schüssel mit der Creme daraufsetzen und die Masse weiterschlagen, bis sie abgekühlt ist. Die weiche Butter in kleinen Flöckchen dazugeben und weiterrühren. Falls sich die Masse trennt, immer weiterschlagen, bis sie wieder luftig und cremig ist. Die Buttercreme in einen Spritzbeutel mit Sterntülle füllen und auf die ausgekühlten Cupcakes spritzen.

5 Die Johannisbeeren waschen, abtropfen lassen und die Beeren mit einer Gabel von den Rispen streifen. Die Johannisbeeren auf die Buttercreme setzen und mit den restlichen gemahlenen Pistazien bestreuen.

GEBACKENE MANDELCREME

MIT ROSEN-PFLAUMEN-RAGOUT

ORIENTALISCH INSPIRIERT

FÜR 6 PERSONEN
ZUBEREITUNGSZEIT: CA. 25 MIN. + 15 MIN. BACKEN
PRO PORTION: CA. 245 KCAL, 5 G EW, 18 G F, 14 G KH

Für das Ragout:

6 große Pflaumen

½ Zitrone

1 ½ EL Rosenwasser

2 EL Akazienhonig

Für die Creme:

½ Vanilleschote

125 g Mascarpone

50 g geschälte, gemahlene Mandeln

35 g Akazienhonig

1 Ei

30 g Mandelblättchen

einige ungespritzte Rosenblütenblätter

selbst gemachter Vanille-Puderzucker (Seite 19)

Außerdem:

etwas weiche Butter für die Form

6er-Muffinform

1 Die Pflaumen waschen, halbieren und entsteinen, anschließend vierteln. Die halbe Zitrone auspressen. Den Zitronensaft mit Rosenwasser und 4 EL Wasser in einem Topf erhitzen. Die Pflaumen bei kleiner Hitze im Sud 10–15 Min. zugedeckt ziehen lassen. Den Honig unterrühren und abkühlen lassen.

2 Den Backofen auf 180° vorheizen. Für die Creme die halbe Vanilleschote längs aufschneiden und mit dem Messerrücken das Mark auskratzen. Vanillemark mit Mascarpone, gemahlenen Mandeln, Honig und Ei in einen Mixbecher geben und mit dem Pürierstab mixen.

3 Die Mulden der Muffinform mit weicher Butter auspinseln und mit der Hälfte der Mandelblättchen ausstreuen. Den Teig in die Mulden füllen und mit den restlichen Mandelblättchen bestreuen. Im Backofen (Mitte) in ca. 15 Min. hellgelb backen, bis die Cremes auf der Oberfläche leicht gebräunt sind.

4 Das Pflaumenragout auf 6 Schälchen verteilen. Die Mandelcreme vorsichtig aus den Mulden lösen und auf das Ragout setzen. Mit Rosenblättern und wenig Vanille-Puderzucker bestreuen und sofort servieren.

SCHOKOMOUSSE-TÖRTCHEN MIT ORANGE

FÜR SCHOKO-LOVER

FÜR 12 STÜCK
ZUBEREITUNGSZEIT: CA. 35 MIN. + 20 MIN. BACKEN + 4 STD. KÜHLEN
PRO STÜCK: CA. 340 KCAL, 6 G EW, 23 G F, 26 G KH

Für das Topping:

330 g Sahne

20 g Kakaopulver

70 g Orangenblütenhonig

3 Blutorangen (alternativ Orangen), davon 1 Bio-Blutorange

1–2 EL Orangenlikör nach Belieben

Für den Teig:

½ Vanilleschote

160 g weiche Butter

90 g Orangenblütenhonig

3 Eier

150 g Dinkelmehl (Type 630; alternativ Weizenmehl Type 550)

40 g Kakaopulver

1 ½ TL Weinsteinbackpulver

½ TL Natron

1 Prise Salz

100 ml Buttermilch

Außerdem:

12er-Muffinform

12 Papier-Muffinförmchen

1 Für das Topping die Sahne mit dem Kakaopulver vermengen und unter Rühren bei mittlerer Hitze zum Kochen bringen. Abkühlen lassen und 40 g Honig unterrühren. Die Schokosahne 4 Std. kalt stellen.

2 Die Bio-Orange heiß waschen, abtrocknen und mit einem Zestenreißer von der Schale feine Streifen abschälen. Alle Orangen mit einem scharfen Messer schälen, dabei die weiße Haut vollständig mit entfernen. Die Fruchtfilets zwischen den Trennhäutchen mit dem Messer herausschneiden, den Saft dabei auffangen. Den Saft der Trennhäute ausdrücken.

3 Den gesamten Saft mit den restlichen 30 g Honig und den Orangenzesten im offenen Topf bei mittlerer Hitze erhitzen und sirupartig einkochen. Vom Herd nehmen und die Orangenfilets dazugeben. Nach Belieben den Likör unterrühren.

4 Den Backofen auf 180° vorheizen. Für den Teig die halbe Vanilleschote längs aufschneiden und mit dem Messerrücken das Mark auskratzen. Butter mit Honig und Vanillemark cremig rühren. Die Eier nach und nach unter die Buttermasse rühren. Mehl, Kakao, Backpulver, Natron und Salz darübersieben. Mit der Buttermilch zügig unter die Eiermasse rühren.

5 Die Papier-Muffinförmchen in die Mulden des Muffinblechs setzen. Den Teig einfüllen. Im Backofen (Mitte) in ca. 20 Min. backen. Herausnehmen und kurz abkühlen lassen. Dann die Törtchen aus den Formen lösen und auf einem Kuchengitter auskühlen lassen.

6 Die kalte Schokoladensahne steif schlagen, mit einem Spritzbeutel auf die Törtchen spritzen und mit Orangenfilets und Sirup dekorieren.

ORANGENSCONES

MIT ERDBEER-HONIG-BUTTER

PERFEKT ZUR TEA-TIME

FÜR 10 STÜCK
ZUBEREITUNGSZEIT: CA. 25 MIN. + 12 MIN. BACKEN
PRO STÜCK: CA. 235 KCAL, 3 G EW, 16 G F, 21 G KH

Für die Scones:

160 g Dinkelmehl (Type 630; alternativ Weizenmehl Type 550)

1 gehäufter TL Weinstein-backpulver

1 EL Honig

¼ TL Salz

50 g weiche Butter

1 Ei

ca. 2 EL Milch

1 Bio-Orange

2 EL selbst gemachter Vanille-Puderzucker (Seite 19)

Für die Erdbeer-Honig-Butter:

150 g Erdbeeren

125 g weiche Butter

1–2 EL Honig

Außerdem:

etwas Mehl für die Arbeitsfläche

etwas Milch zum Bestreichen

Backpapier

1 Für die Scones das Mehl und das Backpulver in eine Schüssel sieben. Honig, Salz und die Butter in Flöckchen zufügen. Mit den Fingern vermischen, dabei Butter, Mehl und Zucker mit den Fingerspitzen so zerreiben, dass grobe Flocken entstehen.

2 Das Ei und die Milch dazugeben und mit den Händen zu einem geschmeidigen, aber dennoch festen, kompakten Teig verarbeiten.

3 Die Arbeitsfläche mit Mehl bestäuben und den Teig zu einem ca. 2 cm dicken Rechteck ausrollen. Mit einem runden Ausstecher oder einem Glas von 5 cm ∅ Scones ausstechen.

4 Den Backofen auf 200° vorheizen. Die Orange heiß waschen, abtrocknen und die Schale abreiben. Mit dem Vanille-Puderzucker auf einem Teller mischen. Die Oberseite der Scones mit Milch bestreichen und leicht in den Orangenzucker drücken. Die Scones mit der gezuckerten Seite nach oben auf ein mit Backpapier ausgelegtes Backblech setzen. Im Backofen (Mitte) in ca. 12 Min. goldgelb backen.

5 Inzwischen die Erdbeer-Honig-Butter zubereiten. Dafür die Erdbeeren entkelchen, waschen, und die Hälfte der Früchte in kleine Würfel schneiden. Die restlichen Erdbeeren mit einem Mixstab pürieren und die Butter mit dem Honig untermixen. Die Erdbeerwürfel vorsichtig unterheben.

6 Die Scones aus dem Ofen nehmen und auf einem Kuchengitter abkühlen lassen. Am besten frisch essen und die Erdbeer-Honig-Butter zu den Scones servieren.

ENERGIEGEL

MIT ERDNÜSSEN UND FEIGEN

NUSSIG, FRUCHTIG, KNUSPRIG

FÜR 18 STÜCK
ZUBEREITUNGSZEIT: CA. 25 MIN. + 25 MIN. BACKEN
PRO STÜCK: CA. 90 KCAL, 3 G EW, 4 G F, 12 G KH

25 g gesalzene Erdnüsse

150 g Früchtemüsli-Mischung (ohne Zucker)

75 g gemahlene Mandeln

1 Bio-Orange

50 g getrocknete Feigen

50 g getrocknete Apfelstücke

1 Eiweiß

50 g Birnendicksaft

30 g Honig

½ TL Zimt

Außerdem:

Backpapier

1 Die Erdnüsse fein hacken, mit der Müslimischung und den gemahlenen Mandeln in einer beschichteten Pfanne trocken rösten, bis die Masse anfängt zu duften. Die Mischung in eine große Schüssel geben.

2 Die Orange heiß waschen, abtrocknen, die Schale fein abreiben und eine Orangenhälfte auspressen. Feigen und Apfelstücke klein schneiden. Orangenschale und -saft, Trockenfrüchte, Eiweiß, Birnendicksaft, Honig und Zimt in die Schüssel zu der Müsli-Nuss-Mischung geben und alles gut durchrühren, bis eine einheitliche Müslimasse entstanden ist.

3 Den Backofen auf 160° vorheizen. Ein Backblech mit Backpapier auslegen und die Masse gleichmäßig darauf verteilen. Ein zweites Backpapier darüberlegen und mit einer Teigrolle ein Rechteck von ca. 27 × 18 cm ausrollen. Das Backpapier abziehen und aus der Masse mit einem scharfen Messer Riegel von 3 × 9 cm schneiden.

4 Im Ofen (Mitte) 20–25 Min. backen. Aus dem Ofen nehmen, lauwarm abkühlen lassen und die Riegel mit dem Messer etwas auseinanderschieben. Dann auf dem Blech ganz abkühlen lassen. Die Riegel halten sich in einer Dose ca. 1 Woche.

PHYSALIS-MÜSLIRIEGEL

GANZ OHNE BACKEN

LECKER KNUSPRIG, MIT LEICHTER SÄURE

FÜR 18 STÜCK
ZUBEREITUNGSZEIT: CA. 25 MIN. + 24 STD. TROCKNEN
PRO STÜCK: CA. 120 KCAL, 2 G EW, 7 G F, 13 G KH

30 g Cashewkerne
20 g Pistazienkerne
50 g getrocknete Physalis
30 g Bananenchips
50 g feine Haferflocken
30 g Cornflakes
50 g Kokosraspel
50 g Kokosblütenzucker
60 g Kokosöl
80 g Honig
Außerdem:
Backpapier

1 Cashewkerne und Pistazien mittelgrob hacken und in einer Pfanne trocken rösten, bis sie anfangen zu duften. Abkühlen lassen. Die getrockneten Physalis klein schneiden und die Bananenchips hacken. Physalis, Bananenchips, Cashewkerne, Pistazien, Haferflocken, Cornflakes und Kokosraspel in einer Schüssel mischen.

2 Den Kokosblütenzucker in einen Topf geben und unter Rühren leicht karamellisieren lassen. Dann vorsichtig das Kokosöl dazugeben. Wenn die Masse flüssig ist, auch den Honig unterrühren. Diese Mischung sorgfältig unter die Frucht-Flocken-Masse rühren, bis eine einheitliche Müslimasse entstanden ist.

3 Ein Backblech mit Backpapier auslegen und die Müslimasse daraufgeben. Ein zweites Backpapier darauflegen und die Masse mit einer Teigrolle zu einem Rechteck von ca. 27 × 18 cm ausrollen. Anschließend die Masse auskühlen lassen.

4 Das obere Backpapier abziehen und aus der Masse mit einem scharfen Messer Riegel von 3 × 9 cm schneiden. Die Müsliriegel einen Tag bei Zimmertemperatur antrocknen lassen. Sie sind in einer Dose im Kühlschrank ca. 1 Woche haltbar.

KOKOSWAFFELN

MIT ANANAS-KORIANDER-SALSA

RAFFINIERT MIT SÜSSER KORIANDERNOTE

FÜR 12 STÜCK
ZUBEREITUNGSZEIT: CA. 25 MIN. + JE WAFFEL 3 MIN. BACKEN
PRO STÜCK: CA. 280 KCAL, 5 G EW, 13 G F, 36 G KH

Für die Waffeln:

4 Eier

120 g Kokosblütenzucker

125 g Dinkelmehl (Type 630; alternativ Weizenmehl Type 550)

125 g Speisestärke

2 TL Weinsteinbackpulver

125 g Kokosraspel

1 Prise Salz

200 ml Kokosmilch

etwas selbst gemachter Vanille-Puderzucker (Seite 19) nach Belieben

Für die Salsa:

10 g Ingwer

2 EL Korianderblättchen

1 Bio-Limette

70 g Kokosblütenzucker

ca. 300 g frisches Ananas-Fruchtfleisch

Außerdem:

Fett für das Waffeleisen

1 Für die Waffeln die Eier mit 3 EL heißem Wasser und dem Kokosblütenzucker mit den Quirlen des Handrührgeräts in ca. 5 Min. schaumig aufschlagen. Mehl, Stärke, Backpulver, Kokosraspel und Salz in einer Schüssel mischen. Diese Mischung abwechselnd mit der Kokosmilch unter die Eiermasse rühren.

2 Das Waffeleisen auf mittlere Stufe vorheizen. Die Backflächen mit wenig Fett bepinseln. Etwa 3 EL Teig auf der unteren Backfläche verteilen. Waffeleisen schließen und die Waffel in ca. 3 Min. goldgelb backen. Die fertige Waffel zum Abkühlen auf ein Kuchengitter legen. Nach und nach die übrigen Waffeln backen.

3 Inzwischen die Ananas-Koriander-Salsa zubereiten. Den Ingwer schälen und mit den Korianderblättchen fein hacken. Die Limette heiß waschen, abtrocknen, die Schale abreiben und den Saft auspressen. Schale und Saft zusammen mit Ingwer, Koriander und dem Zucker in einer elektrischen Kaffeemühle oder einem Mörser fein mahlen. Die Ananas in kleine Würfel schneiden und mit der Ingwermischung vermengen.

4 Die Waffeln nach Belieben mit wenig Vanille-Puderzucker bestäuben und mit der Salsa servieren.

DATTEL-NUSS-WÜRFEL:

MIT DINKEL UND ZIMT

IDEAL FÜR DIE FAMILIENKÜCHE

FÜR 1 QUADRATISCHE FORM VON 24 × 24 CM (16 STÜCKE)
ZUBEREITUNGSZEIT: CA. 25 MIN. + 35 MIN. BACKEN
PRO STÜCK: CA. 190 KCAL, 3 G EW, 10 G F, 21 G KH

40 g Walnusshälften

40 g Mandeln

250 g entsteinte getrocknete Datteln

2 EL frisch gepresster Zitronensaft

½ TL Zimt

125 g Butter

½ Vanilleschote

125 g Dinkelgrieß

125 g Dinkelmehl (Type 630; alternativ Weizenmehl Type 550)

1 TL Weinsteinbackpulver

1 Prise Salz

Außerdem:

Backpapier

1 Die Walnüsse und die Mandeln in einer Pfanne bei mittlerer Hitze trocken rösten, bis sie anfangen zu duften, dann grob hacken. Die Datteln klein schneiden und mit 125 ml Wasser in einem kleinen Topf zum Kochen bringen. Unter Rühren 5 Min. bei mittlerer Hitze weiterkochen. Dann Zitronensaft und Zimt hinzufügen, umrühren und den Topf vom Herd nehmen.

2 Den Backofen auf 180° vorheizen. Die Butter in einem Topf bei mittlerer Hitze zerlassen und 5 Min. abkühlen lassen. Die halbe Vanilleschote längs halbieren und mit dem Messerrücken das Mark herauskratzen.

3 Grieß, Mehl, Backpulver, Salz und Vanillemark in einer Schüssel mischen, dann die flüssige Butter unterrühren. Die Dattelmischung mit den gerösteten Walnüssen und Mandeln untermengen. Den Boden der Springform mit Backpapier auslegen.

4 Den Teig einfüllen und glatt streichen. Im Ofen (Mitte) in 30–35 Min. backen. Aus dem Ofen nehmen, 5 Min. abkühlen lassen, dann vorsichtig aus der Form nehmen und auf einem Gitter ganz auskühlen lassen. Den Kuchen in Würfel schneiden.

KNUSPERTÖRTCHEN MIT JOGHURT UND BEEREN

MÜSLI SCHICK IN SCHALE

FÜR 12 STÜCK
ZUBEREITUNGSZEIT: CA. 25 MIN. + 20 MIN. BACKEN
PRO STÜCK: CA. 160 KCAL, 3 G EW, 9 G F, 16 G KH

Für die Törtchen:

2 reife Bananen

¼ Tonkabohne

1 Bio-Limette

2 EL Mandelöl (alternativ anderes Öl nach Belieben)

1 TL Zimt

1 Prise Salz

40 g Ahornsirup

80 g kernige Haferflocken

20 g Kokosraspel

45 g Mandelblättchen

30 g Korinthen

Für die Garnitur:

250 g gemischte Beeren

300 g griechischer Joghurt (10 % Fett)

Außerdem:

etwas weiche Butter für die Form

12er-Muffinfom

1 Für die Törtchen die Bananen schälen und mit einer Gabel fein zerdrücken. Das Stück Tonkabohne fein reiben. Die Limette heiß waschen, abtrocknen und die Schale abreiben. Das Mandelöl mit der abgeriebenen Limettenschale, der geriebenen Tonkabohne, Zimt, Salz und Ahornsirup unter den Bananenbrei rühren.

2 Den Backofen auf 180° vorheizen. Haferflocken, Kokosraspel, die Hälfte der Mandelblättchen und die Korinthen in einer Schüssel mischen. Zum Schluss die Bananenmischung untermengen und so lange weiterrühren, bis alles gut miteinander vermengt ist.

3 Die Mulden der Muffinform mit weicher Butter ausstreichen. Jeweils ca. 1 EL der Teigmasse auf die 12 Mulden verteilen. Nun die restlichen Mandelblättchen daraufstreuen, die Masse mit den Fingern glätten und dabei einen Rand formen. Ein kleines Glas (5 cm ∅) mit dem Boden sanft in den Teig drücken, so dass jeweils eine Art Schale entsteht.

4 Den Teig im Ofen (Mitte) in ca. 20 Min. goldbraun backen, dann herausnehmen. Nochmals mit dem Glasboden die Schale formen und 5 Min. abkühlen lassen. Dann die Knuspertörtchen zum Auskühlen auf ein Kuchengitter stellen.

5 Die Beeren gegebenenfalls waschen, verlesen oder putzen. Die ausgekühlten Törtchen mit dem griechischen Joghurt füllen und die Beeren daraufsetzen. Sofort servieren, da die Törtchen schnell durchweichen und dann nicht mehr knusprig sind.

GEBACKENE FEIGEN IN SHERRY-BISKUIT

FEINES SPANISCHES DESSERT

FÜR 4 FÖRMCHEN À 250 ML
ZUBEREITUNGSZEIT: CA. 25 MIN. + 30 MIN. BACKEN
PRO STÜCK: CA. 270 KCAL, 23 G EW, 16 G F, 22 G KH

4 frische Feigen

Für den Biskuit:

20 g Butter

2 Eier

1 Prise Salz

4 EL Apfelkraut

2 EL süßer Sherry

2 Tropfen Bittermandelextrakt

50 g gemahlene Mandeln

40 g Dinkelmehl (Type 630; alternativ Weizenmehl Type 550)

etwas selbst gemachter Vanille-Puderzucker (Seite 19) nach Belieben

Außerdem:

etwas weiche Butter für die Förmchen

1 Die Feigen waschen, die Stiele abschneiden und die Früchte oben tief kreuzweise einschneiden. Beiseite stellen. Die Butter für den Biskuit in einem kleinen Topf bei kleiner Hitze zerlassen und abkühlen lassen.

2 Den Backofen auf 180° vorheizen. Die Eier trennen. Die Eiweiße mit dem Salz mit den Quirlen des Handrührgeräts steif schlagen. In einer zweiten Rührschüssel die Eigelbe mit Apfelkraut, Sherry und dem Bittermandelextrakt schaumig rühren. Den Eischnee zusammen mit den gemahlenen Mandeln und dem Mehl unterheben. Die abgekühlte Butter zum Schluss kurz unterrühren.

3 Die Förmchen mit etwas weicher Butter ausstreichen. Den Teig in die Förmchen verteilen und jeweils 1 Feige in die Mitte setzen. Im Backofen (Mitte) in ca. 30 Min. goldgelb backen. Aus dem Ofen nehmen, nach Belieben mit etwas Vanille-Puderzucker bestäuben und lauwarm servieren.

BROMBEER-KÜCHLEIN
MIT SAFRAN

FRUCHTIG MIT MANDEL-SAFRAN-NOTE

FÜR 6 FÖRMCHEN À 200 ML INHALT
ZUBEREITUNGSZEIT: CA. 25 MIN. + 30 MIN. GAREN
PRO PORTION: CA. 240 KCAL, 6 G EW, 12 G F, 28 G KH

300 g Brombeeren

1 Döschen Safranfäden (0,1 g)

50 g weiche Butter

50 g selbst gemachter Vanille-Puderzucker (Seite 19)

1 Prise Salz

3–4 Tropfen Bittermandelextrakt

2 Eier

100 g Dinkelmehl (Type 630; alternativ Weizenmehl Type 550)

25 g feiner Maisgrieß (Polenta)

½ TL Weinsteinbackpulver

5 EL Buttermilch

Für die Garnitur:

4 EL griechischer Joghurt (10 % Fett)

1 EL getrocknete essbare Blüten (Gewürzladen oder Internet)

Außerdem:

etwas weiche Butter für die Förmchen

etwas Maisgrieß für die Förmchen

1 Die Förmchen mit weicher Butter fetten und mit wenig Maisgrieß bestreuen. Die Brombeeren mit kaltem Wasser abspülen, abtropfen und auf Küchenpapier trocknen lassen. Zwei Drittel der Beeren in die Förmchen verteilen, die restlichen Beeren für die Garnitur beiseite legen. Die Safranfäden in einer Tasse mit 1 EL warmen Wasser auflösen.

2 Den Backofen auf 180° vorheizen, dabei ein tiefes Backblech in die Ofenmitte schieben. Für den Teig die Butter mit Vanille-Puderzucker, Salz und Bittermandelextrakt mit den Quirlen des Handrührgeräts cremig rühren. Die Eier einzeln unterrühren. Mehl, Maisgrieß und Backpulver in einer kleinen Schüssel mischen und zusammen mit der Buttermilch und dem aufgelösten Safran zügig unter die Eiermasse rühren.

3 Den Teig über die Beeren in den Förmchen geben und glatt streichen. Die Förmchen auf das heiße Backblech stellen und mit hitzebeständiger Frischhaltefolie abdecken. Dann kochendes Wasser so hoch wie möglich in das Backblech gießen.

4 Im Ofen in 25–30 Min. garen, bis die Teigoberfläche fest geworden ist und bei Fingerdruck nicht mehr nachgibt. Herausnehmen und die Folie entfernen. Die Förmchen ca. 5 Min. abkühlen lassen. Mit einem Messer vorsichtig den Teigrand von den Förmchen lösen und die Küchlein in kleine Schälchen stürzen.

5 Lauwarme Küchlein mit je einem Klecks Joghurt und den übrigen Brombeeren garnieren. Mit einigen essbaren Blüten bestreuen und sofort servieren.

DESSERTS

TRAUBENCREME MIT SÜSSEM PESTO

TRAUBENSÜSSE TRIFFT MINZIG-ZITRONIGES

FÜR 6 PERSONEN
ZUBEREITUNGSZEIT: CA. 30 MIN. + 60 MIN. KÜHLEN
PRO PORTION: CA. 300 KCAL, 5 G EW, 14 G F, 32 G KH

Für das Pesto:

je 150 g blaue und grüne Trauben

1 EL Mandeln

1 EL Pinienkerne

12 große Zitronenmelisseblätter

2 EL Erdnussöl

10 Zitronenverbeneblätter

6 Pfefferminzblätter

4 EL brauner Rum

3 EL Honig

etwas selbst gemachter Vanille-Puderzucker (Seite 19) nach Belieben

Für die Creme:

500 ml weißer Traubensaft

2 EL Traubensirup

1 EL Speisestärke

3 sehr frische Eier

100 g Sahne

1 Für das Pesto die Trauben waschen, halbieren, entkernen und beiseite stellen. Mandeln und Pinienkerne in einer Pfanne bei mittlerer Hitze trocken rösten, bis sie anfangen zu duften. Abkühlen lassen, mittelfein hacken und beiseite stellen.

2 Inzwischen die Zitronenmelisseblätter in einer beschichteten Pfanne in dem Erdnussöl bei mittlerer Hitze langsam knusprig braten. Mit einer Palette herausheben und auf Küchenpapier entfetten.

3 Die Zitronenverbene- und Pfefferminzblätter in feine Streifen schneiden. Mit dem Rum und dem Honig in einer Schüssel mischen. Die gehackten Mandeln und Pinienkerne hinzufügen. Die Masse zu einer Marinade verrühren, die Traubenhälften untermengen und 30 Min. kalt stellen.

4 Inzwischen die Creme zubereiten. Den Traubensaft mit dem Sirup in einem Topf aufkochen und in ca. 10 Min. bei mittlerer Hitze offen auf 300 ml einkochen. In einen Messbecher geben und abkühlen lassen.

5 Dann die Speisestärke mit 2 EL des eingekochten Traubensafts im Topf verrühren, bis keine Klümpchen mehr vorhanden sind. Die Eier mit einem Schneebesen unterrühren. Nach und nach den restlichen eingekochten Traubensaft ebenfalls untermengen. Das Ganze unter Rühren bis fast zum Kochen bringen. Die Temperatur reduzieren und noch ca. 2 Min. weiterrühren, bis eine puddingähnliche Masse entstanden ist. Den Topf von der Herdplatte nehmen und die Creme durch ein Sieb in eine Schüssel streichen. 60 Min. kalt stellen.

6 Kurz vor dem Servieren die Sahne steif schlagen und unter die kalte Traubencreme ziehen. Die Creme auf kleine Suppenteller oder Schälchen verteilen und das Traubenpesto darübergeben. Mit den gebratenen Zitronenmelisseblättern verzieren und nach Belieben mit wenig Vanille-Puderzucker bestäuben.

CRÈME BRULÉE

MIT PASSIONSFRUCHT UND AHORNSIRUP

FEIN, EDEL UND FRUCHTIG

FÜR 6 OFENFESTE GLÄSER ODER FÖRMCHEN À 150 ML INHALT
ZUBEREITUNGSZEIT: CA. 25 MIN. + 80 MIN. STOCKEN + 2 STD. KÜHLEN
PRO PORTION: CA. 290 KCAL, 4 G EW, 22 G F, 17 G KH

3 Passionsfrüchte

1 Vanilleschote

400 g Sahne

150 ml Milch

3 EL Ahornsirup

5 Eigelb

1 Prise Salz

6 TL Kokosblütenzucker

Außerdem:

Mini-Gasbrenner zum Karamellisieren

1 Den Backofen auf 120° vorheizen. Die Passionsfrüchte halbieren und das Fruchtfleisch direkt in einen Topf hineinlöffeln. Das Passionsfruchtmark bei mittlerer Hitze offen 5 Min. köcheln lassen, dann durch ein Sieb streichen und den Saft auffangen. Es sollten ca. 50 ml Passionsfruchtsaft sein. Die Vanilleschote längs halbieren, mit dem Messerrücken das Mark herauskratzen und den Passionsfruchtsaft mit Vanillemark, Sahne, Milch, Ahornsirup, den Eigelben und dem Salz verrühren.

2 Die Förmchen auf ein tiefes Backblech stellen und mit der Passionsfruchtsahne füllen. Kochendes Wasser bis zur Glashälfte auffüllen und die Masse im Ofen (Mitte) in 70–80 Min. stocken lassen. Wenn die Creme fertig ist, fühlt sich die Oberfläche elastisch an. Bei Zimmertemperatur abkühlen lassen, dann 2 Std. kalt stellen.

3 Die Creme kurz vor dem Servieren mit dem Kokosblütenzucker bestreuen und mit einem Mini-Gasbrenner karamellisieren. Sofort servieren.

KARAMELLISIEREN IM OFEN

Falls Sie keinen Mini-Gasbrenner besitzen, können Sie die Creme auch unter dem Backofengrill karamellisieren: Grill auf die maximale Stufe heizen (ca. 250°), Kokosblütenzucker über die Creme streuen und die Förmchen in ein tiefes kaltes Blech mit Eiswürfeln stellen. Das Backblech so hoch wie möglich in den Backofen schieben. Die Creme überkrusten lassen und sofort servieren.

MARZIPAN-KONFEKT

MIT SAUERKIRSCHEN UND BERBERITZEN

ORIENTALISCH, MIT LEICHT SÄUERLICHER NOTE

FÜR 30 STÜCK
ZUBEREITUNGSZEIT: CA. 25 MIN. + 15 MIN. KÜHLEN
PRO STÜCK: CA. 60 KCAL, 1 G EW, 4 G F, 4 G KH

150 g Honigmarzipan

50 g Mandelsplitter

50 g getrocknete Sauerkirschen

20 g getrocknete Berberitzen

125 g dunkle Schokolade ohne Zucker (gekauft oder siehe Rezept Seite 10)

5 EL Kakaopulver

1 Die Marzipanmasse für 15 Min. in das Tiefkühlgerät legen. Die Mandelsplitter bei mittlerer Hitze in einer Pfanne trocken rösten, bis sie anfangen zu duften, dann grob hacken. Die Sauerkirschen klein schneiden. Die Mandelsplitter mit Sauerkirschen und Berberitzen in einer Schüssel mischen. Die gekühlte Marzipanmasse mit einer groben Reibe darüber raspeln. Vermischen und mit einem kleinen Eisportionierer kleine Kugeln formen. Alternativ mit nassen Händen etwa haselnussgroße Kugeln aus der Masse formen.

2 Die Schokolade über dem nicht zu heißen Wasserbad (etwa 60 °C) langsam schmelzen. Ein Kuchengitter auf einen Bogen Backpapier stellen. Die Kugeln in die Schokolade tauchen und auf das Gitter zum Abtropfen legen. Das Kakaopulver in einen tiefen Teller geben. Die Kugeln darin wenden. Kugeln in einer Dose zwischen Butterbrotpapier geschichtet aufbewahren. Kühl gelagert hält sich das Konfekt ca. 1 Woche.

BERBERITZEN

... sind die getrockneten Früchte des dornigen Berberitzenstrauchs, der bei uns oft in Heckenform in Vorgärten wächst. Seine Früchte haben ein fruchtiges Aroma, schmecken erfrischend säuerlich und haben einen hohen Gehalt an Vitamin C, B-Vitaminen sowie Mineralstoffen wie Zink. Getrocknete Beeren gibt es in orientalischen Lebensmittelläden oder in gut sortierten Supermärkten bei den Trockenfrüchten.

YUZU-ZITRONENCREME
MIT FRÜCHTEN DER SAISON

INTENSIVE ZITRUSAROMEN

FÜR 6 OFENFESTE FÖRMCHEN À 150 ML INHALT
ZUBEREITUNGSZEIT: CA. 25 MIN. + 45 MIN. ZIEHEN + 25 MIN. BACKEN + MIND. 2 STD. KÜHLEN
PRO PORTION: CA. 275 KCAL, 2 G EW, 21 G F, 19 G KH

2 Bio-Zitronen

1 Stängel Zitronengras

½ Vanilleschote

400 g Sahne

5 Eigelb

100 g Kokosblütenzucker

60 ml Yuzu-Saft (Asialaden oder Feinkostgeschäft)

1 Prise Salz

Zum Servieren:

frische Beeren oder Früchte der Saison

1 Die Zitronen heiß abwaschen, abtrocknen und die Schalen fein abreiben. Das Zitronengras ebenfalls waschen, abtrocknen, die Enden abschneiden und den Stängel in sehr feine Ringe schneiden. Die halbe Vanilleschote längs halbieren und mit dem Messerrücken das Mark herauskratzen.

2 Zitronengras, Vanillemark mit der Schote, die abgeriebene Zitronenschale und die Sahne zusammen in einem Topf aufkochen lassen. Die Herdplatte ausschalten und die Masse mit Deckel 15 Min. ziehen lassen.

3 Inzwischen die Eigelbe zusammen mit dem Kokosblütenzucker mit den Quirlen des Handrührgeräts ca. 5 Min. aufschlagen. Den Yuzu-Saft mit dem Salz unterrühren.

4 Nun die Zitronensahne durch ein Sieb direkt in die Eigelbmasse gießen. Gut verrühren und 30 Min. ruhen lassen. Anschließend glattrühren, damit kein Schaum an der Oberfläche entsteht.

5 Den Backofen auf 160° vorheizen. Sechs feuerfeste Förmchen in ein tiefes Backblech stellen und die Zitronen-Eier-Sahne einfüllen.

6 In den Backofen (Mitte) einschieben und das Backblech mit kochendem Wasser bis zur Förmchenhälfte auffüllen. In 20–25 Min. garen, bis die Masse an der Oberfläche fest ist, aber innen noch leicht nachgibt.

7 Die Förmchen aus dem Ofen nehmen, abkühlen lassen, dann mit Frischhaltefolie bedecken und im Kühlschrank mindestens 2 Std. kühlen. Die Yuzu-Zitronencreme mit frischen Beeren oder Früchten der Saison servieren.

WEISSE SCHOKOMOUSSE

MIT SAFRAN AUF FRÜCHTE-CARPACCIO

DER STAR AUF JEDEM DESSERTBUFFET!

FÜR 8 PERSONEN
ZUBEREITUNGSZEIT: CA. 35 MIN. + MIND. 5 STD. KÜHLEN
PRO PORTION: CA. 345 KCAL, 4 G EW, 25 G F, 29 G KH

Für die Mousse:

½ Vanilleschote

400 g Sahne

½ TL Agar-Agar

1 Döschen Safranfäden (0,1 g)

200 g weiße Schokolade ohne Zucker

ca. ½ EL Honig nach Bedarf

Für das Carpaccio:

1 Thai-Mango

1 Baby-Ananas

1 kleiner Granatapfel

ca. 2 EL frische Pfefferminzblätter

Für das Dressing:

1 Bio-Limette

1 EL Honig

1 EL brauner Rum nach Belieben

1 Für die Mousse die Vanilleschote längs halbieren und mit dem Messerrücken das Mark herauskratzen. Vanilleschote und -mark mit 100 g Sahne sowie dem Agar-Agar in einem Topf verrühren.

2 Offen aufkochen und 2 Min. bei mittlerer Hitze köcheln lassen. Von der Herdplatte nehmen und unter mehrmaligem Rühren abkühlen lassen. Wenn die Sahne handwarm ist, die Vanilleschote entfernen und die Safranfäden darin auflösen.

3 Inzwischen die weiße Schokolade in einer Metallschüssel über dem nicht zu heißen Wasserbad (etwa 60 °C) schmelzen. Die restliche Sahne steif schlagen. Die Safran-Sahne zusammen mit der geschmolzenen Schokolade unter die geschlagene Sahne mischen.

4 Die Süße der Mousse überprüfen, nach Bedarf mit ½ EL Honig nachsüßen, dann die Masse nochmals 2 Min. schlagen. Die Mousse abdecken und mindestens 5 Std. (am besten über Nacht) kalt stellen.

5 Für das Carpaccio die Mango und die Ananas schälen. Das Fruchtfleisch der Mango vom Kern abschneiden. Mango und Ananas in feine Scheiben schneiden. Den harten Strunk aus den Ananasscheiben mit einem kleinen runden Ausstecher entfernen.

6 Die Mango- und Ananasscheiben abwechselnd wie für Carpaccio auf acht Tellern anrichten. Den Granatapfel halbieren, jeweils eine Hälfte mit der Schnittfläche nach unten auf die Handfläche legen. Über einer großen Schüssel mit einem Kochlöffel auf die Granatapfelhälfte schlagen, sodass die Kerne in die Schüssel springen. Granatapfelkerne über die Früchte streuen.

7 Für das Dressing die Limette heiß waschen, abtrocknen und die Schale abreiben. 2 TL Saft auspressen. Den Honig mit Limettensaft, der abgeriebenen Limettenschale und dem Rum nach Belieben vermengen. Über die Fruchtscheiben träufeln. Die Pfefferminzblätter klein schneiden und über das Carpaccio streuen. Kurz vor dem Servieren Nocken von der Mousse abstechen und auf das Carpaccio setzen.

JOGHURT-PARFAIT

MIT HIBISKUS UND HIMBEER-LITSCHIS

DESSERTWUNDER IN ROSA

FÜR 6 GUGELHUPF-FÖRMCHEN À 200 ML
ZUBEREITUNGSZEIT: CA. 30 MIN. + MIND. 3 STD. KÜHLEN + MIND. 3 STD. GEFRIEREN
PRO PORTION: CA. 260 KCAL, 5 G EW, 11 G F, 35 G KH

Für das Parfait:

2 sehr frische Eier
150 g Sahne
2 TL getrocknete Hibiskusblüten (Apotheke oder Teehandel)
1 Prise Salz
75 g Kokosblütenzucker
½ Vanilleschote
200 g Naturjoghurt
Minzeblättchen zum Bestreuen

Für die Früchte:

200 g Himbeeren
2 EL Kokosblütenzucker
1 TL Rosenwasser
15 Litschis

1 Für das Parfait die Eier trennen. Die Sahne in einem Topf aufkochen, von der Herdplatte nehmen und die Hibiskusblüten darin 10 Min. ziehen lassen. Durch ein Sieb gießen und mindestens 2 Std. kühlen.

2 Die Eiweiße mit dem Salz in einer großen Rührschüssel steif schlagen. Die Vanilleschote längs halbieren, mit dem Messerrücken das Mark herauskratzen. Vanillemark und Zucker zu den Eiweißen geben und weiterschlagen, bis die Masse glänzt. Die kalte Hibissussahne in einer zweiten Rührschüssel steif schlagen.

3 Die Eigelbe mit dem Schneebesen unter die Eiweißmasse rühren, anschließend den Joghurt ebenfalls unterheben. Zum Schluss die Sahne mit einem Teigschaber vorsichtig unter die Joghurtmasse ziehen. Die Parfaitmasse auf die sechs Förmchen verteilen und zugedeckt mindestens 3 Std. gefrieren.

4 Für die Fruchtgarnitur 50 g Himbeeren mit dem Kokosblütenzucker in einem kleinen Topf aufkochen lassen. Durch ein Sieb in eine Schüssel streichen. Das Himbeerpüree mit dem Rosenwasser parfümieren. Die Litschis schälen, entsteinen und vierteln. Litschiviertel mit den übrigen Himbeeren in das Himbeerpüree geben, vorsichtig vermengen und 60 Min. kalt stellen.

5 Kurz vor dem Servieren die Förmchen in heißes Wasser tauchen und das Parfait auf Teller stürzen. Mit Himbeer-Litschis und Minzeblättchen garnieren.

FRÜCHTE-ALLERLEI MIT ORANGEN-ZABAIONE

MIT PFEFFER- UND ORANGENBLÜTENNOTE

FÜR 6 PERSONEN
ZUBEREITUNGSZEIT: CA. 30 MIN. + 2 STD. KÜHLEN
PRO PORTION: CA. 130 KCAL, 1 G EW, 0 G F, 27 G KH

Für die Früchte:

½ Vanilleschote

60 g Orangenblütenhonig

1 TL getrocknete Orangenblüten (Apotheke oder Teehandel)

½ TL Sichuan-Pfefferkörner

1 kleine Honigmelone

1 Drachenfrucht (Pitahaya)

1 goldene Kiwi

1 grüne Kiwi

Für die Zabaione:

½ Bio-Orange

4 Eigelb

40 g Orangenblütenhonig

150 ml Rieslingsekt

einige getrocknete Orangenblüten zum Bestreuen

1 Die Vanilleschote längs halbieren und mit dem Messerrücken das Mark herauskratzen. 200 ml Wasser mit der Vanilleschote und dem Vanillemark, Honig, Orangenblüten und angedrückten Pfefferkörnern in einem Topf bei mittlerer Hitze zugedeckt zu einem Sirup kochen. Abkühlen lassen.

2 Die Honigmelone, die Drachenfrucht und beide Kiwis halbieren. Aus den Früchten mit einem Kugelausstecher Kugeln ausstechen. Die Fruchtkugeln in eine Schüssel legen und den kalten Sirup durch ein Sieb darübergießen. Dann 2 Std. kalt stellen.

3 Kurz vor dem Servieren die Zabaione zubereiten. Die Orange heiß waschen, abtrocknen und die Schale abreiben. Die Eigelbe und den Honig über dem warmen Wasserbad cremig aufschlagen. Die abgeriebene Orangenschale unterschlagen. Den Sekt nach und nach unter ständigem Schlagen zugießen und ca. 5 Min. zu einer cremig-schaumigen Masse schlagen.

4 Dann die Fruchtkugeln mit der Marinade auf sechs Champagnerschalen verteilen und mit der Zabaione begießen. Mit einigen getrockneten Orangenblüten bestreuen und sofort servieren.

KARDAMOM-ZIMT-EIS MIT ERDBEEREN

SAHNIG UND WÜRZIG ZUGLEICH

FÜR 6 PERSONEN
ZUBEREITUNGSZEIT: CA. 35 MIN. + MIND. 2 STD. KÜHLEN + 50 MIN. GEFRIEREN (EISMASCHINE)
PRO PORTION: CA. 263 KCAL, 4 G EW, 3 G F, 38 G KH

Für das Eis:

10 Kardamomkapseln

½ l Milch

1 TL Zimtblüten (Gewürzhandel)

6 sehr frische Eigelb

50 g Honig

100 g Birkenzucker

150 g Crème double

Für die Erdbeeren:

500 g Erdbeeren

½ Bio-Orange

2 EL selbst gemachter Vanille-Puderzucker (Seite 19)

1 EL Orangenlikör

2 TL Pfefferminzblätter

Pfefferminzblätter zum Dekorieren nach Belieben

1 Für das Eis die Kardamomkapseln aufbrechen und die Samen entnehmen. Die Milch mit den Kardamomsamen und den Zimtblüten zum Kochen bringen und ca. 10 Min. offen bei mittlerer Hitze köcheln lassen. Durch ein Sieb gießen und beiseitestellen.

2 Die Eigelbe mit dem Honig und dem Birkenzucker in einer hitzebeständigen Rührschüssel mit einem Schneebesen gut verrühren. Die heiße Gewürzmilch unter ständigem Rühren in die Eigelbmischung gießen.

3 Über dem heißen Wasserbad mit dem Schneebesen in ca. 10 Min. cremig aufschlagen. Vom Wasserbad nehmen und noch 5 Min. weiterrühren. Abkühlen lassen und mindestens 2 Std. kalt stellen.

4 Die Crème double glatt rühren und unter die Eigelbmasse ziehen. Die Eismasse in die Eismaschine füllen und in ca. 50 Min. cremig fest gefrieren lassen. Alternativ die Eismasse in eine große Metallschüssel füllen und in das Tiefkühlgerät stellen. Ca. 3 Std. gefrieren lassen, dabei die Masse alle 30 Min. gut durchrühren.

5 Die Erdbeeren entkelchen, waschen, abtropfen lassen und halbieren. Die Orange heiß waschen, abtrocknen und die Schale abreiben. Die Erdbeeren in eine Schüssel geben und mit Vanille-Puderzucker, Orangenlikör und abgeriebener Orangenschale mischen.

6 Die Pfefferminzblätter klein schneiden und unter die Erdbeeren heben. Die marinierten Erdbeeren mit dem Kardamom-Zimtblüten-Eis servieren. Nach Belieben mit einigen Pfefferminzblättern dekorieren.

JOGHURT-MOUSSE

MIT HIMBEER-KORIANDER-SIRUP

SOMMERDESSERT IN DER BEERENZEIT

FÜR 4 PERSONEN
ZUBEREITUNGSZEIT: CA. 30 MIN. + MIND. 3 STD. KÜHLEN
PRO PORTION: CA. 326 KCAL, 3 G EW, 17 G F, 38 G KH

Für den Sirup:

200 g Himbeeren
1 gehäufter EL Korianderblättchen
½ EL fein geriebener Ingwer
1 ½ EL Birnendicksaft
½ Bio-Limette

Für die Mousse:

50 ml Milch
1 gestrichener TL Agar-Agar
½ Vanilleschote
250 g Sahnejoghurt (10 % Fett)
2 EL Birnendicksaft
150 g Sahne
einige Korianderblättchen zum Dekorieren

1 Für den Sirup Himbeeren verlesen und 2 EL der Beeren in einen Mixbecher geben. Korianderblättchen, Ingwer und Birnendicksaft dazugeben. Die Limette heiß abwaschen, die Schale abreiben und den Saft auspressen. Abgeriebene Schale und Saft im Mixbecher,- mit dem Pürierstab fein mixen und beiseite stellen.

2 Für die Mousse die Milch mit Agar-Agar in einem kleinen Topf verrühren, aufkochen lassen und mindestens 2 Min. bei mittlerer Hitze offen köcheln lassen. Von der Herdplatte nehmen und kurz abkühlen lassen.

3 Die Vanilleschote längs halbieren und mit dem Messerrücken das Mark herauskratzen. Vanillemark mit Joghurt und Birnendicksaft unter die Milch rühren. Die Sahne steif schlagen. Die Joghurtmischung in eine Schüssel geben und die geschlagene Sahne vorsichtig unterheben. Auf vier Gläser verteilen und für mindestens 3 Std. kalt stellen.

4 Kurz vor dem Servieren den Himbeersirup durch ein feines Sieb streichen. Die übrigen Himbeeren auf die Gläser verteilen und mit dem Himbeersirup beträufeln. Mit Korianderblättchen dekorieren.

KOKOSCRÊPES

MIT MANGO UND THAI-BASILIKUM

FEINES ASIATISCHES DESSERT

FÜR 8 CRÊPES
ZUBEREITUNGSZEIT: CA. 30 MIN. + 30 MIN. RUHEN
PRO PORTION: CA. 168 KCAL, 4 G EW, 9 G F, 17 G KH

Für die Crêpes:

80 g Dinkelmehl (Type 630; alternativ Weizenmehl Type 550)

1 gehäufter EL Kokosraspel

300 ml Milch

1 Prise Salz

1 Ei

5 EL Kokosöl

Für die Garnitur:

2 reife Mangos

2 Orangen, davon 1 Bio-Orange

1 TL Kokosblütenzucker

10 Thai-Basilikumblätter

etwas selbst gemachter Vanille-Puderzucker (Seite 19) zum Bestreuen

Kokosraspel zum Bestreuen

1 Für die Crêpes das Mehl durchsieben und mit Kokosraspel, Milch, Salz, Ei und 3 EL Kokosöl in eine Rührschüssel geben. Mit einem Schneebesen zu einem glatten Teig rühren und 30 Min. ruhen lassen.

2 Inzwischen die Mangos mit einem Sparschäler schälen und das Fruchtfleisch mit einem scharfen Messer von den Kernen lösen. Die Bio-Orange heiß waschen, abtrocknen und die Schale mit einem Sparschäler dünn abschälen, ohne die weiße Haut zu entfernen.

3 Die Schale in sehr feine Streifen schneiden, in einen kleinen Topf geben und knapp mit Wasser bedecken. Das Wasser offen aufkochen lassen, durch ein Sieb abgießen und die Orangenstreifen kalt abspülen. Diesen Vorgang noch zweimal wiederholen.

4 Beide Orangen auspressen. Den Saft aufkochen und das Mangofruchtfleisch darin zugedeckt in knapp 3 Min. pochieren. Herausnehmen, auf einen Teller legen und in Streifen schneiden. Den Kokosblütenzucker und die Orangenschalenstreifen in den Sud geben und aufkochen. Das Basilikum kleinschneiden und die Hälfte davon in den Sud geben. Bei kleiner Hitze im offenen Topf sirupartig einkochen lassen.

5 Den Backofen auf 100° vorheizen. Etwas von dem restlichen Kokosöl in einer beschichteten Pfanne erhitzen. Eine Kelle Teig hineingeben und durch Schwenken der Pfanne dünn verteilen.

6 Nacheinander acht Crêpes bei mittlerer Hitze jeweils 2–3 Min. backen, bis die Unterseite leicht gebräunt ist. Wenden und weiterbacken, bis die Unterseite ebenfalls Farbe bekommen hat. Auf einen Teller legen. Die Crêpes im vorgeheizten Backofen warm halten.

7 Die Crêpes mittig mit einigen Mangoscheiben belegen, alle vier Seiten wie einen Briefumschlag einschlagen, wobei die Mangoscheiben unbedeckt bleiben. Mit dem eingekochten Orangensud beträufeln, mit restlichem Basilikum und Kokosraspel bestreuen und mit wenig Vanille-Puderzucker bestäuben.

MOUSSE AU CHOCOLAT

MIT ZIMT-DATTEL-ORANGEN

ALS KRÖNENDER MENÜ-ABSCHLUSS ODER SOLO

FÜR 8 PORTIONEN
ZUBEREITUNGSZEIT: CA. 25 MIN. + MIND. 3 STD. KÜHLEN
PRO PORTION: CA. 380 KCAL, 6 G EW, 32 G F, 18 G KH

Für die Orangen:

2 große Bio-Orangen

1 gehäufter EL Pistazienkerne

50 g frische Datteln

1 EL Orangenblütenwasser

1 EL frisch gepresster Zitronensaft

½ TL Zimt

Für die Mousse:

300 g dunkle Schokolade ohne Zucker (gekauft oder Rezept Seite 10)

2 ganz frische Eier

1 EL Honig

400 g kalte Sahne

etwas Zimt zum Bestreuen

1 Die Orangen heiß waschen, abtrocknen und die Schale von 1 Orange fein abreiben. Von der zweiten Orange einige Streifen zur Dekoration mit einem Zestenreißer abziehen. Beide Orangen mit einem scharfen Messer dick schälen, sodass die weiße Haut mit entfernt wird. Die Orangenfilets zwischen den Trennhäuten herausschneiden, den Saft dabei auffangen.

2 Die Pistazien mittelgrob hacken. 1 TL Pistazien für die Dekoration beiseitelegen. Die Datteln halbieren, entkernen und längs in feine Streifen schneiden.

3 Orangenfilets, aufgefangenen Orangensaft, abgeriebene Orangenschale, restliche Pistazien, Datteln, Orangenblütenwasser, Zitronensaft und Zimt in einer Schüssel mischen und kalt stellen.

4 Inzwischen für die Mousse die Schokolade grob zerkleinern und in einer Schüssel über dem nicht zu heißen Wasserbad (etwa 60 °C) schmelzen und glatt rühren. Vom Wasserbad nehmen und 5 Min. abkühlen lassen. Die Eier mit dem Honig cremig-weiß schlagen und unter die Schokolade mischen. Zimmerwarm abkühlen lassen. Die Sahne steif schlagen und unter die Schokoladenmasse ziehen.

5 Die Mousse abgedeckt für mindestens 3 Std. kalt stellen. Die Zimt-Dattel-Orangen auf acht Teller verteilen. Nocken von der Mousse abstechen und auf die Teller geben. Mit restlichen Pistazien und Orangenzesten garnieren und mit wenig Zimt bestäuben.

MAPLE-WALNUT-EIS

MIT CHAI-APFELMUS

EISKALTER KLASSIKER MIT FRUCHTIGER NOTE

FÜR 6 PERSONEN
ZUBEREITUNGSZEIT: CA. 35 MIN. + 50 MIN. GEFRIEREN (EISMASCHINE)
PRO PORTION: CA. 343 KCAL, 5 G EW, 23 G F, 28 G KH

Für das Eis:

80 g Walnusshälften
120 g Ahornsirup
400 g saure Sahne
150 g Sahne

Für das Apfelmus:

500 g säuerliche Äpfel
1 EL frisch gepresster Zitronensaft
¼ Vanilleschote
50 ml Apfelsaft
1–2 EL Ahornsirup
ca. ¼ TL Chai-Tee-Gewürz

Außerdem:

Backpapier

1 Einen Bogen Backpapier doppelt falten. Die Walnüsse mittelgrob hacken. Die Hälfte des Ahornsirups bei mittlerer Hitze in einer Pfanne mit den Walnüssen erhitzen und so lange köcheln lassen, bis der Sirup fest ist und an den Nüssen klebt. Die Walnussmasse auf dem Papier verstreichen und das Papier für 5 Min. ins Tiefkühlgerät legen, damit sie fest wird.

2 Die saure Sahne mit dem restlichen Ahornsirup verrühren. Die Walnüsse mit einem Messer grob durchhacken und ebenfalls unter die saure Sahne rühren. Die Sahne steif schlagen und unter die Masse ziehen.

3 Die Masse in die Eismaschine füllen und ca. 50 Min. laufen lassen, bis das Eis cremig und fast fest ist. Alternativ in eine große Metallschüssel füllen und in das Tiefkühlgerät stellen. Ca. 3 Std. gefrieren lassen, dabei die Masse alle 30 Min. gut durchrühren.

4 Inzwischen das Apfelmus zubereiten. Die Äpfel waschen, ungeschält in Stücke schneiden, dabei die Kerngehäuse entfernen. Die Äpfel mit dem Zitronensaft in einen Topf geben. Die Vanilleschote aufschlitzen und mit dem Messerrücken das Mark herauskratzen. Vanillemark und -schote mit dem Apfelsaft und den Äpfeln zugedeckt aufkochen. Bei mittlerer Hitze in 15–20 Min. weich dünsten.

5 Die Vanilleschote entfernen und das Mus durch ein Sieb passieren. Am besten geht das mit der »Flotten Lotte«. Den Ahornsirup unterrühren und mit dem Chai-Gewürz abschmecken. Das Eis portionieren und mit dem Apfelmus servieren.

MÖHREN-ZIMT-CREME MIT ORANGENCHIPS

RÜBLI IN DESSERTFORM

FÜR 6 PERSONEN
ZUBEREITUNGSZEIT: CA. 35 MIN.
+ 18 STD. TROCKNEN
PRO PORTION: CA. 286 KCAL,
3 G EW, 22 G F, 19 G KH

2 Bio-Orangen
75 g Birnendicksaft
2 EL gesalzene Macadamianüsse
400 g junge Bundmöhren
1 EL Speisestärke
100 ml Milch
1 gestrichener TL Zimt
350 g Sahne
Außerdem:
Backpapier

1 Die Orangenchips schon am Vortag zubereiten. Dafür den Backofen auf 130° Umluft vorheizen. Die Orangen heiß waschen und abtrocknen. Die Schale von 1 Orange fein abreiben und den Saft auspressen. Die andere Orange ungeschält in feine Scheiben schneiden, eventuell vorhandene Kerne entfernen.

2 Den Orangensaft (100 ml) mit 1 EL Birnendicksaft in einer Pfanne bei großer Hitze zum Kochen bringen. Die Orangenscheiben portionsweise ca. 3 Min. darin köcheln lassen. Ein Backblech mit Backpapier auslegen und die Orangenscheiben darauflegen.

3 Die Orangenscheiben im Backofen (Mitte) in ca. 15 Min. backen, dabei aufpassen, dass sie nicht braun werden. Auf einem Kuchengitter trocknen lassen.

4 Inzwischen den Orangensud in der Pfanne bei mittlerer Hitze dicklich einkochen lassen, bis ein Sirup entstanden ist. Die Macadamianüsse klein hacken in einer weiteren trockenen Pfanne goldgelb rösten. Orangensirup und Nüsse abkühlen lassen.

5 Am nächsten Tag die Möhren waschen und sauber bürsten, die grünen Ansätze abschneiden. Die Möhren in dünne Scheiben schneiden, in einen Topf geben und knapp mit Wasser bedecken. Die Möhrenscheiben zugedeckt bei starker Hitze aufkochen, Hitze reduzieren und in ca. 15 Min. weich kochen. Die Möhren abgießen und in einen Mixbecher geben.

6 Die Speisestärke mit der Milch glatt rühren. Abgeriebene Orangenschale, Zimt und restlichen Birnendicksaft zu den Möhren geben. Mit einem Pürierstab alles zu einem feinen, geschmeidigen Püree mixen.

7 Die Sahne bei großer Hitze im Topf zum Kochen bringen, das Möhrenpüree dazugeben und unter Rühren ca. 1 Min. kochen lassen. Noch etwas durchrühren und auf sechs Dessertgläser verteilen. Kalt stellen.

8 Kurz vor dem Servieren die Möhrencreme mit den Macadamianüssen bestreuen, mit dem Orangensirup beträufeln und mit 1–2 Orangenchips servieren.

GEWÜRZNEKTARINEN MIT SHERRYSAHNE

EINE SPANISCHE INSPIRATION

FÜR 6 PERSONEN
ZUBEREITUNGSZEIT: CA. 35 MIN.
PRO PORTION: CA. 333 KCAL, 23 G EW, 13 G F, 43 G KH

- je ½ TL Fenchel-, Anis- und Koriandersamen
- ¼ TL schwarze Pfefferkörner
- 3 Gewürznelken
- 1 Zimtstange
- 180 g Honig
- 225 ml kräftiger Rotwein (alternativ roter Traubensaft)
- 3 EL frisch gepresster Orangensaft
- 2 EL frisch gepresster Zitronensaft
- 4 EL süßer Sherry
- 6 große Nektarinen
- 3 EL Mandelblättchen
- 200 g Sahne

1 Für den Sirup Fenchel-, Anis- und Koriandrsamen sowie schwarze Pfefferkörner, Gewürznelken und die Zimtstange in einen Topf geben und bei mittlerer Hitze rösten, bis sie anfangen zu duften. Die Gewürze in einen Mörser geben und mittelgrob mörsern, dann zurück in den Topf geben.

2 Honig, Rotwein, 225 ml Wasser sowie Orangen- und Zitronensaft dazugeben und alles zum Kochen bringen. 5 Min. im offenen Topf bei großer Hitze sprudelnd kochen lassen. Dann 2 EL Sherry hinzufügen.

3 Den Sirup bei mittlerer Hitze offen weiterköcheln lassen. Die Nektarinen waschen und im Sirup in ca. 10 Min. garen, bis sie gerade noch bissfest sind. Am besten mit einer Messerspitze ins Fruchtfleisch stechen, um zu prüfen, ob sie schon gar sind. Mit einem Schaumlöffel aus dem Sud nehmen und auf einen Teller legen. Halbieren, den Stein herauslösen und die Nektarinen kalt stellen.

4 Inzwischen den Sirup im offenen Topf bei großer Hitze auf die Hälfte einkochen lassen. Dann durch ein Sieb gießen und abkühlen lassen. Kurz vor dem Servieren die Mandelblättchen in einer trockenen Pfanne goldgelb rösten. Die Sahne mit 2 EL Sherry steif schlagen.

5 Die Nektarinen in Dessertschalen geben, mit etwas Sirup beträufeln und mit einem Klecks Sahne und den gerösteten Mandelblättchen servieren.

REGISTER

Damit Sie die Rezepte mit bestimmten Zutaten noch schneller finden, stehen in diesem Register auch beliebte Zutaten wie **Apfel** oder **Schokolade** alphabetisch eingeordnet und hervorgehoben. Darunter finden Sie das Rezept Ihrer Wahl.

A

B

C

D

REGISTER

IMPRESSUM

www.facebook.com/gu.verlag

QUALITÄTS G|U GARANTIE

Liebe Leserin, lieber Leser,

haben wir Ihre Erwartungen erfüllt? Sind Sie mit diesem Buch zufrieden? Haben Sie weitere Fragen zu diesem Thema? Wir freuen uns auf Ihre Rückmeldung, auf Lob, Kritik und Anregungen, damit wir für Sie immer besser werden können.

GRÄFE UND UNZER Verlag
Leserservice
Postfach 86 03 13
81630 München
E-Mail:
leserservice@graefe-und-unzer.de

Telefon: 00800 / 72 37 33 33*
Telefax: 00800 / 50 12 05 44*
Mo–Do: 9.00 – 17.00 Uhr
Fr: 9.00 – 16.00 Uhr
(gebührenfrei in D, A, CH)*

Ihr GRÄFE UND UNZER Verlag
Der erste Ratgeberverlag – seit 1722.

GRÄFE UND UNZER

Ein Unternehmen der
GANSKE VERLAGSGRUPPE

Projektleitung: Stefanie Poziomka
Lektorat: Bettina Snowdon
Korrektorat: Susanne Elbert
Innen- und Umschlaggestaltung: independent Medien-Design, Horst Moser, München
Herstellung: Martina Koralewska
Satz: Christopher Hammond
Reproduktion: Medienprinzen, München
Druck und Bindung: F+W Druck- und Mediencenter, Kienberg
Syndication:
www.seasons.agency

Printed in Germany

1. Auflage 2016

ISBN 978-3-8338-5339-5

DIE AUTORIN

Christina Richon ist seit mehreren Jahren als Kochbuchautorin und Rezeptentwicklerin für namhafte Verlage und Firmen tätig und entwickelt kulinarische Projekte für Restaurants und die Industrie. Die autodidaktische Köchin und Bäckerin hat mehrere Preis und Wettbewerbe in den letzten Jahren gewonnen. Ihre Art zu kochen und zu backen nennt sie selbst »kulinarische Aromatherapie«. Ganz nach dem motto »einfach muss nicht langweilig sein« spickt sie ihre unkomplizierten Rezepte mit Blüten, Kräutern, Gewürzen und vielen Aromen. Sie erteilt Kochkurse und gibt kulinarische Events in Deutschland, der Schweiz und im sonstigen Ausland.

DIE FOTOGRAFINNEN

Maria Grossmann und **Monika Schürle** arbeiten seit langem im Team und sind erfolgreich in den Bereichen Food, Stilllife und Interior tätig. Ihre Auftraggeber sind Magazine, Verlage und Agenturen.

BILDNACHWEIS

Alle Bilder von Maria Grossmann und Monika Schürle

TITELREZEPT

Schoko-Dattel-Kuchen mit frischen Himbeeren (S. 60)

Umwelthinweis:
Dieses Buch ist auf PEFC-zertifiziertem Papier aus nachhaltiger Waldwirtschaft gedruckt.

Backofenhinweis:
Die Backzeiten können je nach Herd variieren. Die Temperaturangaben in unseren Rezepten beziehen sich auf das Backen im Elektroherd mit Ober- und Unterhitze und können bei Gasherden oder Backen mit Umluft abweichen. Details entnehmen Sie bitte Ihrer Gebrauchsanweisung.

Appetit auf mehr?

ISBN 978-3-8338-4796-7

ISBN 978-3-8338-3779-1

ISBN 978-3-8338-4150-7

Laden im App Store

ISBN 978-3-8338-5341-8

ISBN 978-3-8338-5650-1

e Alle hier vorgestellten Bücher sind auch als eBook erhältlich.

G|U

Willkommen im Leben.

Mehr von GU auf **www.gu.de** und
facebook.com/gu.verlag